Nápoles

Emilio Castelar

Nápoles

casimiro

casimiro [*casimiroa edulis*]

Extraído de *Recuerdos de Italia*
Imprenta de T. Fortanet, Madrid 1872 (Primera y parte) y 1876 (Segunda parte)

En cubierta: Anónimo de finales del siglo XIX, *Piazza del mercato con Vesuvio*

© Casimiro libros, Madrid, 2025
   Todos los derechos reservados
   www.casimirolibros.es

ISBN: 979-13-87675-02-8
Depósito legal: M-10906-2025

Hecho en Madrid

Índice

Giorgio Sommer, Golfo de Nápoles, visto desde San Martino
c. 1870

NÁPOLES

LA GRAN CIUDAD

Sin duda es Nápoles hoy la primera entre las ciudades de Italia por su numerosa población, por sus grandes dimensiones, y una de las primeras entre las ciudades de Europa. Cuando se la mira desde alguna altura, cuando apenas se advierte el espacio que la separa de los pueblos circunvecinos, la creéis por su extensión una ciudad como Londres. Los ojos se engañan tanto, que comparado el recuerdo de París mirado desde el Panteón y la vista de Nápoles mirada desde el Pausilipo, Nápoles parecíame mayor, mucho mayor, que París, por una de esas ilusiones ópticas a que tanto contribuyen la luz y el cielo del Mediodía.

Siempre recordaré mi llegada a la hermosísima capital de las antiguas Dos Sicilias. En la emigración el menor contratiempo os apesadumbra y os irrita. El disgusto se convierte en pena, la pena se acrecienta con la nostalgia. Os parece que todo el género humano debe aborreceros, puesto que os aborrece vuestra patria; que toda sociedad debe rechazaros, puesto que os rechaza la sociedad donde habéis nacido. Cuando veis un ciudadano que habla de los asuntos de su nación en medio de los suyos; un padre o un hijo que entran en el hogar y departen con su familia, os creéis el más desgraciado de los mortales y os imagináis que vuestros huesos van a quedar solitarios y olvidados en extraña tierra. Sobre todo, si el gobierno, si la policía de la nación, donde esperáis asilo, os molestan, lo sentís doblemente y os preguntáis a vosotros mismos reconviniéndoos con acritud: "si de todas maneras había de ser perseguido, ¿por qué, por qué abandoné la patria?"

Yo me encontraba en Roma completamente consagrado a la meditación y al estudio. Para mí en aquella ciudad sólo eran las ruinas interesantes y las obras de arte que entre las ruinas se levantan. Evité toda sociedad casi por completo, y consumí el tiempo en los museos, en las iglesias, en las catacumbas, en el mundo de lo pasado. Cada día encontraba algo nuevo de puro viejo, y enlazaba estos descubrimientos con mis leyes históricas, a la manera que el naturalista corrobora sus clasificaciones y sus series con el descubrimiento, ya de nuevos, ya de repetidos ejemplares. Hallábame tranquilo en la ciudad donde todo gran dolor puede tener refugio por lo mismo que puede tener consuelo. La desolación de su campiña se armonizaba con la desolación de mi alma. El olvido que el espectáculo de tantas ruinas procuraba al corazón lacerado, no podía encontrarse, no se encontraba realmente en ninguna otra ciudad del mundo.

Cuántas veces pensé desasirme de los lazos que pudieran atar mi vida a París, el centro de mi destierro, y quedarme allí en muda contemplación de los monumentos, en comercio con las artes, en estudio incesante de la historia. Es verdad que mis ideas filosóficas y mis ideas políticas no podían ser aceptas al gobierno a la sazón imperante; mas ¿qué podía contra este gobierno un desgraciado, sin patria, sin hogar, sin familia, sin relaciones en aquella sociedad, decidido a oponer a los propios dolores el olvido, y consagrado a estudiar las instituciones muertas, enterradas en la tumba de aquella necrópolis tan triste como mi propio corazón?

Asaltado me hallaba por estos pensamientos una mañana de primavera, cuando entra en mi modesta habitación, despavorido, un camarero de la fonda de Minerva, y a boca de jarro y sin darme los buenos días me dirige esta pregunta:

–¿Por qué me ha ocultado usted su valer?

–¿Mi valer? Nada tenía que ocultar, porque nada valgo en el mundo.

–¿Su importancia?

–No importo nada.

–Usted es un hombre célebre.

–¡Yo célebre! ¡Bah! ¿Tiene usted ganas de mofarse de mí? le pregunté.

–He impedido que la policía llegara hasta su cuarto.

–¡La policía!

–Sí, la policía se hubiera ya encarado con usted si yo no le digo que le comunicaria a usted sus órdenes.

–¿Qué órdenes?

–La orden de dejar inmediatamente Roma.

–¿Por qué causa?

–Han dado muchas.

–Pero ¿no puedo saber cuáles?

–Dicen que los libros escritos y publicados por usted se hallan en el Índice.

–Es verdad; pero si todos los autores cuyos libros se hallan en el Índice no pueden habitar esta literaria Roma, en verdad os digo que seréis visitados por pocos literatos contemporáneos.

–Dicen que usted es amigo de Garibaldi, de Mazzini.

–Es verdad.

–Tiene usted mucho valor.

–¿Por qué?

–Por venir a Roma con tales antecedentes.

–Pero debo aseguraros que ninguna idea política me ha

traído a Roma. Usted pudo observar que ni he recibido ni he hecho ninguna visita.

–Pues aún dicen más.

–¿Qué dicen?

–Que está usted condenado a muerte.

–Y en garrote vil.

–Por revolucionario.

–Por liberal, por demócrata.

–Ya sabe usted, me dijo con misterio, las relaciones cordialísimas que hay entre el gobierno de los cardenales de Roma y el gobierno de los Borbones de España. Es de temer que estando usted condenado a muerte en España, esta policía romana le coja, le aprese, le lleve a Civita-Vecchia, y le entregue a la fragata militar anclada en el puerto. Y lo ahorcarán a usted.

–¡Qué idea tiene usted de este cristiano gobierno! le dije con extrañeza. Es bien imaginario ese peligro.

–Pero el peligro real, efectivo, es el que usted corre de dar con su cuerpo en la cárcel si no sale de Roma por el primer tren.

–¡La cárcel! Todavía la hubiera sufrido con resignación en mi patria. La idea de que estaba entre los míos, la idea de que la merecía como conspirador, acaso dulcificaran mis dolores. Pero la cárcel aquí me aterra. ¿Á qué hora sale el primer tren?

–A las diez.

11

–¿Qué hora es?

–Las nueve y media.

–¿Para dónde sale?

–Para el Mediodía.

–No estoy apercibido ni preparado; pero no importa.

Llamé a mis compañeros de viaje, un propietario meji-cano y dos jóvenes españoles que estudiaban en el cole-gio de Bolonia, y que recorrían durante las vacaciones de Pascuas Italia, encárgueles mi equipaje, partíme en uno de aquellos cochecillos que no corren, sino vuelan, a la estación; tomé un billete, y me empaqueté en mi wagon con la guía del viajero en una mano y el periódico de Roma en la otra.

Al partir el tren bordeamos la Vía Apia y descubrimos el sepulcro de Cecilia Metella. Estos grandes monumen-tos me inspiraron tristes reflexiones. Un desterrado, un condenado a muerte por el crimen de profesar ciertas ideas políticas, ¿no es una ruina más entre tantas ruinas, no es una sombra más entre tantas sombras, no es un muerto más entre tantos muertos? Ninguna inquietud debía engendrar en este poder inmenso, cuyo nombre invocan millones de seres todos los días al pié de los alta-res en toda la redondez del planeta. Me arrojan, no sólo de mi patria, sino de aquella ciudad que parece tener el eterno derecho de asilo. a un cadáver no se le niegan en el mundo, no, cuatro pasos de tierra, y se le niegan a un vivo. Para distraerme de estas melancólicas reflexiones convertí los ojos al periódico, y encontré la siguiente noticia: "El Papa ha ofrecido Roma al Rey de Hannover, destronado y proscrito, porque Roma es un asilo, un refugio eterno para todos los desgraciados." Una sardónica sonrisa corrió por mis labios, y mi saliva tomó toda la amargura de la hiel. Con estos tristes pensamientos dejé la ciudad de las eternas tristezas.

¡Qué contraste entre la campiña de Nápoles y la campiña de Roma! Ésta es la unidad y aquélla la variedad; ésta lo sublime y aquélla lo bello; ésta la majestad y aquélla la gracia; en Roma se oye el cántico unísono de un lamento parecido al uniforme salmo de los profetas bíblicos, y en Nápoles el coro de las antiguas divinidades griegas. Pero si el contraste entre campiña y campiña es grande, es mayor aún el contraste entre ciudad y ciudad. Digan lo que quieran todos los enemigos jurados de la Roma pontificia, parecióme, en comparación de Nápoles, una ciudad austera, austerísima. Por lo menos reinan en Roma la tristeza y el silencio. Sus habitantes visten colores oscuros. Sus rostros tienen cierta solemne tristeza, como cuadra a una raza reina y destronada. Los innumerables conventos, la muchedumbre de frailes, las capillas que por todas partes se levantan, las imágenes que ornan las esquinas, denotan que el pueblo romano es un pueblo sometido a la teocracia; mientras que los gritos de las calles de Nápoles, las vociferaciones continuas, la infinidad de corrillos, la alegría universal, los bailes en un lado, los conciertos al aire libre en otro, la inmensa concurrencia a los aguaduchos y a los cafés, denotan que estáis en ciudad civil, donde la vida es como continua fiesta. Ya no hay la multitud de estampas religiosas que en otro tiempo a la imagen del Señor han sustituido la imagen de Garibaldi. Adorar es la necesidad de Nápoles, adorar fervientemente, y sea cualquiera el objeto de sus adoraciones; adorar a gritos, a manotadas, en medio de la algazara y del estrépito, con la exaltación propia de los temperamentos nerviosos, y con el fanatismo que acompaña a las pasiones meridionales encendidas por el calor intensísimo del clima. Hay algo del Vesubio, algo de sus ardores, algo de sus erupciones, algo también de sus veleidades en la movible y ardiente naturaleza de los napolitanos, de estos griegos degenerados, que viven con la sonrisa en los labios, al borde siempre de la muerte; amenazados por el volcán de rigores iguales a los rigores que enterraron a Herculano y Pompeya.

Muchas veces, cuando yo discurría por las calles de las grandes poblaciones del Norte y observaba su recogimiento y su silencio, pensaba lo que sería una población como Londres, como París, situada en las regiones meridionales de Europa. ¡Qué mar embravecido, tanta gente bajo nuestro cielo! ¡Qué rumor se levantaría de las calles!

Una ciudad del Mediodía es una selva del trópico. En su seno late vida tal y tanta, que en vano buscaríais entre las brumas de Londres y de París. Yo nunca he oído desde las alturas de Montmartre o del cementerio de Lachaise, al anochecer, los rumores que he oído desde las alturas del Retiro a la misma hora. Cualquiera diría que Madrid es una ciudad mayor que París. Pues en comparación de Valencia, en comparación de Sevilla, Madrid es una ciudad silenciosa. ¡Qué noches las noches de Sevilla! ¡Los niños juegan y gritan, los mozos cantan y puntean la guitarra, las familias acomodadas oyen el piano al fresco del patio, entre macetas de aromáticas plantas y surtidores de murmuradoras aguas! ¡Qué días los días de fiesta en Valencia, sobre todo por la estación de verano! ¡Las campanas al vuelo, las músicas discurriendo por las calles, los tamboriles y las dulzainas dando el compás a las danzas, el morterete que estalla en estruendos semejantes a cañonazos; la *traca*, una hilera interminable de petardos por los suelos, y los cohetes voladores a manojos por los aires!

Pues bien, yo os digo que Sevilla y Valencia son ciudades silenciosas en comparación de Nápoles. Bien es verdad que Nápoles tiene seiscientos mil habitantes. Mas no consiste la diferencia en la mayor población, no. Nuestro temperamento meridional está refrenado por nuestra gravedad española. Hay hasta en los pueblos más meri-

dionales de España algo del recogimiento y de la silenciosa religiosidad árabe. Ni los andaluces ni los valencianos
manotean, accionan, gritan como las gentes de Nápoles.
Son nuestros campesinos, en medio de sus fiestas y de sus
bromas, graves como españoles; son los napolitanos
locuaces como griegos. ¡Qué baraúnda de ciudad! Cuánto
más se apropiaba al estado de mi ánimo Roma con todas
sus grandes sublimidades; el Miserere de Pallestrina; los
paseos por la Vía Apia bordada de sepulcros; las contem-
placiones continuas de las campiñas desoladas; la meditación filosófica sobre las piedras desnudas, entre las ruinas
del Coliseo, bajo los brazos de la Cruz.

Aquellos que gusten del estruendo, corran, corran a
Nápoles. Las aceras están llenas de trastos, de tiendas y
de talleres ambulantes, de gentes durmiendo que parecen, por lo inertes, muertas. Mil organillos, arpas, violi-
nes, os atruenan los oídos. Nubes de titiriteros, funám-
bulos, prestidigitadores con sus correspondientes coros
de extáticos curiosos, embarazan a cada instante el paso.
Los trabajadores cantan o disputan a voces. Los ociosos,
cuando no tienen con quien hablar, hablan solos y a gritos. Los cocheros o carreteros que pasan, vociferan como
energúmenos, chasquean el látigo en todas direcciones,
levantan huracanes de polvo y de ruido. Cada mula lleva
centenares de cascabeles y de campanillas. Los carruajes
crujen como si de intento los construyeran crujientes.

Los vendedores de periódicos, y en general todos los vendedores ambulantes, vocean de la más descompasada manera. Cada mercader, a la puerta de su tienda, al frente de su puesto, os hace pomposo programa oral de sus ricas mercancías, y se proponen todos que las toméis por fuerza. El vendedor de escapularios, sin pararse en vuestra religión ni en vuestro origen, os arroja su amuleto al cuello, mientras el limpia-botas, importándole poco que esté vuestro calzado sucio o luciente, lo embadurna con su betún, bien o mal de vuestro grado. El ramilletero, que lleva manojos de rosas y de flores de azahar, os adorna el sombrero, los ojales, los bolsillos, sin pediros ni venia ni permiso. El horchatero sale con su vaso rebosante a la acera y os lo arrima a los labios. Aún no habéis logrado libertaros de sus importunidades, cuando viene otro importuno con su fruta de sartén calentita y chorreando aceite, a pediros que comáis por fuerza. Los niños, acostumbrados a la mendicidad, aunque su gordura y su placidez indiquen el mayor bienestar, se os agarran a las rodillas y no os dejan dar un paso como no les deis una moneda. El pescador se acerca con traje color de alga, descalzo, arremangado el pantalón, cubierta la cabeza de su gorro catalán, la camisa azul desabrochada, abriendo las ostras, los mariscos, y presentándolos cual si le hubierais dado ese encargo. El *cicerone* se echa a andar delante de vosotros y despliega su elocuencia esmaltada de innu-

17

merables palabras de todas las lenguas, y llena de ana-
cronismos y despropósitos históricos y artísticos. Si le
rechazáis, si le decís que son inútiles sus servicios, aper-
cibíos a oír las infinitas sirtes donde corréis peligro de
perder la bolsa o la vida por no haber escuchado sus con-
sejos ni atendido a su pasmosa ciencia. No creáis que os
eximís de todos estos importunos yendo en coche. Yo no
he visto jamás gente más lista para saltar a los carruajes,
colgarse a las portezuelas, seguir como agarrados a la trasera, al pescante, a cualquier parte, por más que intentéis
desviarlos. Pues no digo nada si tenéis aire de viajero
recién llegado, y se empeñan los cocheros de plaza en que
habéis de adoptar su vehículo. En medio segundo os veis
rodeados de coches que andan en torno vuestro como
culebras, aún a riesgo de aplastaros, y cuyos automedon-
tes, hablando todos a un tiempo en coro desconcertado e
infernal, os ofrecen llevaros al Pausilipo, a Bayas, a
Puzzoli, a Castellamare, a Sorrento, a Cúmas, al fin del
mundo.

Los domingos son días de verdadero vértigo. Parece
que se han vuelto los habitantes de la ciudad, todos sin
excepción alguna, dementes. Yo no he visto andar en
ninguna parte tan de prisa. Yo no he oído un campaneo
tan ruidoso. Yo no pienso volver a encontrarme en medio
de un aquelarre tan continuado. Proporcionalmente,
ninguna ciudad de Europa, ninguna, tiene el número de

carruajes que Nápoles. Suelen dar las carretelas de lujo una vuelta al pié de las hermosas colinas de las afueras y entrar por el Pausilipo a Chiaja. Imposible concebir mayor riqueza ni mayor número de elegantísimos trenes. a los muchos de la aristocracia napolitana se unen los muchos que gastan los viajeros riquísimos, habituados a visitar la ciudad y a permanecer en ella durante la primavera y el invierno. Pero el carruaje que tiene que ver y aún que oír es el carruaje del pueblo en domingo. Es la antigua calesa madrileña, todavía más ligera. Los caballos, bastante flacos de suyo, van enjaezados vistosamente. Cintas, lazos, flores, bandera tricolor, campanillas resonantes, cascabeles innumerables, arreos bordados de lanas o sedas vistosísimas, hasta grandes pañuelos de gasa los envuelven. El cochero no es nunca uno solo. Van dos o tres haciendo gestos, dando saltos como acróbatas por el circo. En el carruaje, en el pescante, en la trasera, caballeros sobre el jaco matalon, colgados del estribo, tendidos por el respaldo, en equilibrios inverosímiles, en posiciones atrevidas y peligrosas van más de veinte hacinados, y todos gritan, y todos se mueven cual si todos bailaran. Después de haber visto pasar seguidos unos cuantos, repletos, henchidos, acompañados de aquel ruido infernal, tenéis vértigos, de atronados los oídos, de mareada la cabeza, como si hubierais rodado, a manera de peonza, en vals infernal.

Guardaos bien de caer por gusto en aquellos carruajes. Aunque los hayáis alquilado para vosotros solos, los que van de un punto a otro con alguna prisa, los cansados y fatigados, los que quieren correr en pies ajenos, como si la calesa fuera propiedad común, la asaltarán, la poseerán como en pleno derecho, os acompañarán, pasando y repasando en ejercicios gimnásticos a vuestro lado, sin haceros ningún daño ni inferiros ningún agravio, antes diciéndoos mil gentilezas, resueltos a ser vuestros compañeros, como si toda la vida os hubieran conocido. La subida al Vesubio es temible por estas gentes. Si no lleváis guía, contad con sus dicterios, con sus emboscadas, con sus silbidos e injurias, imposibilitados de hallar quien os señale una senda, quien os saque de un mal paso. Siempre me acordaré del pobre inglés sin guía que encontré cerca del cráter. Parecía un *Ecce-Homo*. Pero si usáis guías, ya podréis creeros un maniquí verdadero. Os entregan un jaco que no podéis ni arrear ni parar a vuestro arbitrio. Llegados a cierto sitio, cuatro o cinco se apoderan de cada uno de vosotros. Éste os echa una cuerda a la cintura, el otro os coge el brazo derecho, el de más allá el izquierdo; empléanse en fingir que quitan piedras del camino, en tirar de vuestro cuerpo como de un fardo, en desriñonaros con apariencia de sosteneros, hasta que llegados a la cima, después de haberos consentido escaso reposo, pintándoos los riesgos de morir como Plinio, os arrojan en carrera vertiginosa desde el cráter, por una ladera toda cubierta de cenizas, como alma que se lleva el demonio a los profundísimos infiernos.

Y cuenta que, después de haberse establecido el régimen constitucional, después de haber penetrado las ideas y con las ideas las costumbres modernas, han desaparecido aquellos tradicionales *lazzaronis* que vivían casi desnudos sobre la arena, al sol, sustentándose de la corta pesca y de la larga limosna. La idea de que el pueblo no sea trabajador en Nápoles paréceme una idea falsísima. Gritan, cantan, gesticulan, vociferan, disputan, pero trabajan y trabajan con afán. Lo que hay, en medio de tanta luz, al influjo de aquella hechicera naturaleza, educados por la hermosura de los varios paisajes, sostenidos por la atención de sus conciudadanos, como hijos naturales de la griega Parthenope, muchos poetas sin cultura que improvisan versos espontáneos cual la flora de los bosques y las selvas, muchos oradores que hablan con inimitable elocuencia del sentimiento y de la pasión. Las fuerzas no se agotan en esta eterna primavera. La sensibilidad no se gasta jamás en esta vida de emociones. Son sobrios como los antiguos griegos. Un puñado de higos, unas rebanadas de melón, pepinos, tomates y pimientos crudos, mariscos salados, forman la base de su alimento. Ignoro si serán ciertas las observaciones de un escritor inglés, el cual se queja mucho de que la patata ha disminuido la inteligencia de los pueblos meridionales haciéndolos linfáticos. Yo recuerdo en mi familia una vieja criada que murió hace tiempo en nuestro hogar, a los noventa años, y que no quiso nunca comer patatas. Nuestro inglés le hubiera dado un premio, pues dice que esa fécula no es como los guisantes, como las habas, alimentos cargados de fósforo y aptos por ende al desarrollo de la vida cerebral, y que debe ser restaurado como en tiempo de Pitágoras, el cual encarecía las habas y las recomendaba como alimento casi religioso. Yo puedo decir que el pueblo de Nápoles tiene una gran sobriedad, y no es dado en ninguna manera ni al vino ni a los licores. Si un dia faltara la nieve o el agua fresca, habría en Nápoles una verdadera revolución. Parécense en esto a sus padres los antiguos griegos. Una de las más hermosas odas pindáricas tiene bellísima y lírica introducción consagrada al agua.

Otra de las analogías que tiene el napolitano con el griego es la vida al aire libre. La perla no está unida a su concha, el espíritu a su organismo, la idea artística a su forma, como el napolitano a su ciudad. Apenas emigra. Necesita, para vivir, de aquella bahía, de aquellos muelles, de la sonrisa de aquel cielo, de la música de aquellos mares, hasta de las amenazas del Vesubio. El día que volviese el volcán a encontrarse como se encontraba en tiempos de la República romana, extinto, creería Nápoles que le faltaba algo para la vida, el sordo mugir en los oídos, la continua erupción en los ojos, la nube blanquecina de humo en los cielos, el reflejo de la gigantesca antorcha en las tranquilas aguas. Así la naturaleza y el hombre se abrazan y en sus abrazos se confunden. Mucha miseria hay en Nápoles y muchos pobres. Pero no causa la miseria en Nápoles el pesar que causa la miseria en Londres. Un pobre de Londres lleva raídas, remendadas, mugrientas las vestiduras desechadas por las altas clases; un pobre de Nápoles, si apenas lleva vestido, tampoco lo necesita, abrigado por aquel aire tibio, bruñido por aquel sol vivificador. Un pobre de Londres necesita bebidas espirituosas, carne abundante, carbón para calentar su vivienda. Un pobre de Nápoles vive de los frutos que da el campo, de los peces que guarda el mar, vida fácil y sobria. Al uno le están cerrados todos los grandiosos espectáculos de la ciudad, el club aristocrático, el teatro, los saraos de la nobleza, las expansiones continuas donde se entra por altas cantidades, mientras que al otro nadie puede quitarle la fiesta por excelencia de su tierra, la vista de los Apeninos, la erupción continua del Vesubio, el collar de colinas volcánicas que rodea como un aderezo de diamantes negros su ciudad, la florida y espesísima vegetación, el mar celeste, el cielo cargado con su rocío de estrellas, la música de la onda en la playa, las islas que sacan su cabeza entre los esmaltes y los celajes del divino Mediterráneo.

Otra cosa he notado en Londres y en Nápoles. No hay pueblo donde la libertad haya echado tantas raíces como en el pueblo inglés, y no hay pueblo donde las clases sociales sean tan diversas y estén por tan profundos abismos separadas. Cuando veis uno de aquellos conductores de ómnibus, asentado con tanta solemnidad sobre su pescante, os parece ver en la majestad del continente, en la gravedad del aire, el primero de los *lores* sobre su saco de lana, presidiendo aquella cámara alta, que sólo ha tenido su igual o su semejante en el antiguo Senado Romano. Y sin embargo, si la fisiología, si la naturaleza no señalan diferencias entre los aristócratas y los plebeyos, ¡cuántas, cuán grandes señalan las leyes! En cambio el plebeyo napolitano es plebeyo en toda la extensión de la palabra; plebeyo por su origen, plebeyo por su naturaleza, plebeyo por sus costumbres; y sin embargo, impone su voluntad, su opinión a los aristócratas, con los cuales se confunde por una mezcla felicísima de ligereza, de gracia y de dignidad personal, nacida del sentimiento íntimo de que en aquella naturaleza un hombre, por poco que trabaje, se basta siempre a sí mismo.

¿Conocéis algún pueblo moderno que haya sostenido por sí solo un teatro? Aquella intuición estética de los pueblos en el siglo decimoquinto y decimosexto que creaba por sí misma un teatro y le infundía sus ideas, sus sentimientos, no existe ya en Europa. El teatro español nació, como el teatro griego, en una carreta, que iba de feria en feria, de fiesta en fiesta, seguida del pueblo; carreta sagrada como la de Théspis, sobre la cual flotaba el *numen* del pueblo. Poco a poco, desde que murió Lope, desde que se apagaron las centellas sobrenaturales del genio de Calderón y del genio de Shakespeare, el teatro dejó de ser el Auto religioso, dejó de ser el drama popular, para pasar a ser engendro de leyes académicas, sabroso pasto de aristocracias literarias. Hasta la guerra de los clásicos y de los románticos, en que éstos fingían representar el espíritu del pueblo, aquel espíritu que engendró los poemas homéricos y el romancero, no conmovió al pueblo, no llegó jamás a pasar de los folletines, de las revistas, de los bastidores y de las butacas. Pero Nápoles tiene su teatro, su teatro donde se ha ejercido én todo tiempo, hasta en los tiempos más nefastos, acre censura sobre las costumbres, y a veces sobre la política.

Es verdad que este teatro no puede tener carácter alguno literario, como escrito y representado en el dialecto local. Dialectos han sido las lenguas neo-latinas, dialectos del latín. Pero un trabajo de seis siglos llevado a término por genios de primer orden, sin darles la perfección absoluta del latín, les ha dado gran sabor literario, les ha convertido en lenguas clásicas. Este pobre dialecto napolitano ¡ah! jamás podrá aspirar a tanto. El protagonista de su teatro será siempre el pobre polichinela, primo hermano del Pasquino de Roma. Pero en su modestia, en su humildad indicará que hay amor a la literatura, amor a la vida y a la acción dramática en el pueblo que lo sostiene, y que gusta de sus salpimentadas alusiones, algunas veces verdaderamente aristofanescas. Cuando yo asistí a sus representaciones criticaban amargamente esos patriotas, que toman a Roma en el café, de silla a silla, entre sorbo y sorbo de granita, pero nada hacen por Roma y por Italia, ni en los comicios electorales ni en los campos de batalla. Aparte la política, sólo sostenida por alusiones, el drama versaba sobre costumbres populares y relación de estas costumbres con la pasión de las pasiones, con el amor. De todos modos, era de ver cómo aquel pueblo seguía anheloso, extático, su propia imagen reflejada en la escena.

Tanto allí como en el gran teatro de San Carlos, uno de los mayores y más hermosos del mundo, noté la parte que toma aquel público en los espectáculos. Su temperamento nervioso estalla a cada instante en manifestaciones tumultuosas, así de censura como de aplauso. El público es allí un actor, un verdadero actor. Su voz, y si no su voz su acento, su murmullo, acompaña a los actores como las olas del Pireo acompañaban al coro de la tragedia griega. Al mismo a quien ha aplaudido arriba con delirio, lo silba dos notas o dos versos más abajo, sin piedad, con verdadero encarnecimiento. Una actriz sentiríase allí desairada si no atruenan sus oídos tempestades de aplausos, si no amenazan aplastarla lluvias de flores. Durante la representación entera, la curiosidad del pueblo está viva y atenta. Con su indiferencia no contéis, no. Es un pueblo que ama o aborrece. El crepúsculo de la crítica daña a su franca naturaleza de artista. Por eso ha sentido tanto. Y como ha sentido tanto, por eso ha cantado a su vez tanto y tan bien. Creedlo, cuando alguna vez os lleguen hasta el corazón tal romanza de Bellini, tal preludio de Cimarosa, tal aire de Passiello, hay en esas cadencias algún eco de la canción griega, que el marinero entona en la isla de Capri, en el promontorio de Sorrento, al pié del Vesubio; como en las serenatas de Schubert y de Mozart hay algo de la canción andaluza, y en la canción andaluza algo del acento de la sublime cantata árabe, acompañada por el viento del desierto.

Y sin embargo, en mis observaciones de la ciudad que los griegos llamaron sirena, algo hay que me disgusta: el exceso de alegría ruidosa en su conversación, el exceso de movimiento en sus gestos, el exceso de vértigo en sus bailes, el exceso de acompañamiento de los más discordes instrumentos en sus canciones y en sus tarantelas. Y muchas veces fatigado me subía a la cartuja a ver el cielo y el Mediterráneo, y a pensar en cómo se pierden y se desvanecen necesariamente las variedades de pueblos y de razas en la inmensidad de lo infinito.

PARTHENOPE

Una ciudad meridional no puede tener para nosotros, españoles, y españoles del Mediodía, la novedad que tiene para franceses, para alemanes, sobre todo para franceses y alemanes del Norte. Nosotros poseemos ciudades que en claridad de cielo, en abundancia de luz, en hermosura de contornos y campiñas, en ingenio de sus ciudadanos, en belleza de sus mujeres, en arte de sus monumentos y en aires aromatizados y bien olientes, compiten con las más hermosas y más ricas ciudades italianas. ¿Quién puede olvidar aquella Valencia, ceñida de torres árabes y góticas; muellemente reclinada a orillas del claro río que por todos sus alrededores derrama abundancia; circuida de la huerta feracísima que entrelaza con las ramas de sus brillantes moreras las ramas de sus oscuros granados, y que al pié de la gallarda palma, dulcemente mecida por las brisas marinas, ostenta inacabables naranjales, deleitando la vista con los matices de su dorado fruto y el olfato con los aromas de su blanca flora? ¿Quién dejará de admirar la oriental Córdoba, con su aljama, única en Europa, donde se oyen los ecos de la poesía árabe, al pié de aquella Sierra Morena, esmaltada por selvas de rosales? No hay en la tierra otra Sevilla, cuando la primavera acaricia, su abundante suelo. Es de ver la ciudad en Abril, levantando sobre inmenso océano de claro verdor sus agujas, sus botareles, sus ajimeces, sus ojivas, sus cresterías, bajo el cielo resplandeciente de luz, y entre los giros del aire cargado con los ecos de las orientales canciones y las esencias del embriagador azahar. No se cansa la vista de mirar y admirar a Cádiz; sus blancos edificios, esmaltados por verdes balcones y ventanas-perlas y cristalinos cierros, donde flotan cortinas de todos colores; rematados por azoteas llenas de caprichosas torres y de floridas macetas; erigidos entre escollos donde las olas se quiebran en cataratas de espuma; rodeados por bandadas de naves, que ya dejan en los claros aires nubes de vapor, ya se gallardean con sus henchidas velas y sus pintorescas banderolas; asentados dentro de aquella sólida y oscurísima muralla, en torno de la cual aparece a un lado la bahía con sus blancas poblaciones, sus caños, cortados por pirámides de sal resplandecientes a la esplendentísima luz, sus lejanas cordilleras envueltas en vapores, ya violados, ya rosáceos, según las horas del día y los arreboles del ambiente, mientras del otro lado el mar azul se dilata, retratando en sus claras aguas todos los matices del cielo y componiendo con sus vientos, su oleaje, sus brisas, sus corrientes, sus tempestades y sus tormentas, continuo himno a lo infinito.

Yo de mí sé decir que en medio de las ciudades más rientes de Italia he recordado siempre nuestra sin par Granada: la sierra con su cima de cristal; los apagados volcanes con sus pirámides de frías lavas; la ancha vega, toda cubierta de copudos árboles, alfombrada de verde grama, y limitada allá lejos por las celestes montañas de Loja; el blanco Albaicín en lo profundo, rodeado de áloes y de nopales, como si aguardara todavía a los hijos del Asia y del África, y todavía repitiera la canción melancólica inspirada por los desiertos; el monte sacro rematado de pinos; la confluencia del Darro y del Genil, que vienen lamiendo los cármenes entre selvas de almendros, de avellanos y de gigantescos cactus; en el centro la Alhambra, con sus torres doradas por la luz y por los siglos; sobre aquel cerrillo poblado de bosques y de jardines, a cuyos pies duerme Granada, y en cuya cima se dibujan con toda la poesía del Oriente los minaretes y los ajimeces y las bermejas torres, el Generalife, escondido en grutas de sonantes cascadas, de olientes jazmines, de melancólicos cipreses, de graciosas florestas, cuyos susurros, cuyos aromas, convidan de consuno a la vida árabe, toda consagrada, después de las zambras y las guerras, al sueño, a la poesía y al amor.

Nosotros tenemos adelfas para coronar a los poetas; bosques de mirtos dignos de ser habitados por los antiguos dioses; palmerales bajo cuyas anchas palmas parece vagar el genio del Asia; costas de áureas arenas y de celestes aguas; promontorios y cabos que el sol poniente dora con esmaltes dignos de las riberas de Grecia; el aroma del azahar y del jazmín en los aires, higos tan dulces como los higos de Atenas, en nuestras higueras; pasas tan azucaradas como las pasas de Corinto, en nuestras cepas; días calurosos henchidos por el canto unísono del coro de cigarras que ensalzaron los antiguos poetas; noches tranquilas y luminosas como las noches de Oriente; serenatas en cuyas largas y tristes cadencias se oye resonar aún el acento inmortal de las canciones árabes con todo su intenso amor y toda su profunda melancolía.

A pesar de esto, aun extraña, aún maravilla la campiña de Nápoles. Conoceréis algo más agreste, más abrupto, más sublime en la tierra; no conoceréis nada tan clásico, tan digno de la égloga antigua, tan propio para que el ánimo repose y la naturaleza tome los tintes y las inspiraciones de nuestra alma. Así como la escultura es el arte pagano por excelencia, el arte que armoniza la idea y la forma en suave reposo, la Campania es la tierra de las églogas, la tierra de las geórgicas, la tierra por excelencia pastoril, donde los montes repiten el eco inmortal de las dulcísimas zampoñas de Virgilio, y los animales y las plantas se trasforman a los ojos del pensamiento con las metamorfosis cantadas por Ovidio.

Dios mío, ¡qué riqueza de colores, de matices, de tonos! ¡Qué gradaciones desde el azul claro de la bahía hasta el violeta y amatista oscuro del Vesubio! Como la cordillera del Oriente, tachonada a intervalos de ventisqueros, que relucen cual diamantes entre turquesas y esmeraldas, contrasta con el matiz rosa claro, tomado al anochecer por los montes del Ocaso, por el cabo Miseno y por los contornos de la isla de Nisida, semejantes a promontorios de bruñidos jaspes. Mirad ese horizonte puro, purísimo, por el cual se desvanecen las columnas de blanco humo que despide el volcán; ese mar tan sensible a los cambios del horizonte, que puede llamarse su repetición o su espejo, ese suelo, que, donde lo permite la vegetación, lujuriosa, viciosísima, enseña las lavas negras y lucientes como el azabache. Yo en ninguna parte he visto la luz quebrarse en refracciones tan varias ni dar a los contrastes apariencias de oposición tan brusca. Por lo que respecta a la luz, diríase a esta tierra gigantesco prisma de múltiples colores. Por lo que respecta al contraste, enseñadme en ningún otro punto montañas más abruptas descendiendo en playas más suaves, bosques más agrestes junto a jardines más cultivados, ciudades más pobladas y ruinas más solitarias, suelo más amenazado de muerte por las bocas volcánicas, por las solfataras ardientes, por los terremotos repentinos, por las erupciones violentas, ni vida más múltiple, más alegre, que se espacie así en el cántico, en la danza, en los juegos, en los placeres; refinamientos de civilización mezclados a delicias del campo; recuerdos antiguos vagando sobre el indolente olvido moderno; la columna de fuego que el volcán agita como gigantesca antorcha frente a los picachos rematados de diamantinas nieves.

Aquí veo las hayas y los robledales virgilianos; las cabras, irguiéndose a clavar el agudo diente en los arbustos; las ovejas con el vellón cargado de lana y las ubres cargadas de leche, rodeadas, seguidas de tiernos y baladores recentales; por las laderas, las zarzas, con cuyas moras se teñían las cejas y las mejillas los rabadanes para entonar sus bucólicos versos; en la orilla del torrente, las cañas con que formara el dios Pan sus canoros caramillos; de erguido olmo en erguido olmo, los festones de las parras, entre cuyo follaje se posa la paloma y arrulla la tórtola; en el fondo, los floridos cantuesos; en las colinas, el tomillo y el espliego; a la entrada de la caverna, por el tronco de la encina que sobre ella se avanza, el panal destilando miel y rodeado de zumbadoras abejas, cuyo aguijón trae los jugos de las flores; dentro de la caverna, el sileno, ebrio de vida y de vino, con su guirnalda en las sienes y su ánfora en las manos; por las corrientes de los arroyos, la blanca náyade que teje coronas; por las majadas y los oteros, el pastorcillo, juntando la amapola con el narciso y la blanca azucena con la madreselva, para ofrecérselas a su amada; en el ancho mar, rizado por los soplos de la brisa y herido por los cambiantes de la luz, la sirena antigua que palpita de amor en las ondas y canta eternamente con seductora cadencia la inmortal epopeya de la naturaleza.

Junto a tales églogas, ¡qué terribles tragedias ofrece esta atormentada tierra! Hicieron los antiguos bien llamándola sirena que atrae, sirena que mata. Con frecuencia erupciones terribles destruyen, abrasan, entierran aldeas y ciudades enteras. El terremoto sacude con estremecimientos espantosos toda aquella región. Los edificios se balancean como las naves al oleaje del vendaval, y vienen columnas, trombas de acres vapores, lluvias, diluvios de cenizas, granizadas de brasas, tempestades de lavas. El mar hierve, el cielo reverbera fuego siniestro, como si las benéficas pluviosas nubes hubiéranse tornado ardientes hornos. Respira el volcán como ciclópea titánica fragua, o relampaguean, truenan sus erupciones como legión de tempestades. Por doquier bancos de lavas candentes, océanos de negras cenizas, torbellinos y espirales de piedras, rocas fundidas, mugidos espantables de la montaña, estremecimientos dolorosísimos del valle, vapores sulfurosos, exhalaciones de ácido carbónico, nubes grises ruidosísimas atravesadas por reflejos siniestros y henchidas

34

de menudos enrojecidos aerolitos, franjas de escorias por el suelo y manantiales de aguas hirvientes, el infierno confundido con el paraíso en la tierra, como la pena con la alegría en el alma, como el error con la verdad en la mente, copia fiel de las tragedias de nuestra existencia y los contrastes de nuestro ser. La encendida montaña es un gigante laboratorio de donde sale con igual fuerza la muerte y la vida, como la naturaleza es un conjunto de fuerzas que componen, descomponen y recomponen. De sus estremecimientos, de sus convulsiones puede quejarse el antiguo habitante de Pompeya y Estabia, incrustado en las frías seculares lavas; el moderno campesino de Resina y de Torre de Greco, que en trágica noche ve desaparecer bajo bituminosas encendidas materias sus viñas henchidas del dulce *lácrima*, tan celebrado en el mundo; pero el químico, el físico, encuentran en sus fecundas exhalaciones, sodas, potasio y diversas sales marinas, testimonio de su comunicación con el Mediterráneo; depósitos de cloruro de hierro con todos los colores de las piedras preciosas y de las flores silvestres; manantiales de ácido clorhídrico y ácido sulfúrico; sustancias amoniacas y agujas de azufre tendidas en largos manojos sobre las oscuras escorias; depósitos de aguas termales que curan muchas de las enfermedades, y exhalación continua del gas ázoe y del carbónico, tan funestos para la vida y tan preciosos para la ciencia.

Imposible formarse una idea, sin haberlo visto, del contraste profundísimo entre la serenidad riente del campo y el siniestro aspecto del volcán. Cuando los sentidos yerran por aquellas florestas y aquellas playas; cuando pasan de la colina al valle, del valle al bosque, de los bosques donde se entrelazan el olivo con el limonero al mar celeste, donde se rizan tantas velas latinas que parecen bandadas de blancas aves, creen ver y oír en la realidad los pastores de Virgilio, los marineros de Teócrito, cantando los unos entre redes y vergas, y los otros entre apriscos y praderas, dobles versos que han de repetir las auras y las brisas; pero si luego se convierten al volcán y le ven relampaguear, llover fuego, y le oyen mugir, tronar, creen que sus cimas dibujan entre nubes de humo las legiones que ya pisaron aquellas altas cimas, las legiones del eterno víctima, del eterno paria, de Espartaco, el tracio defensor de los esclavos, cuya sombra ensangrentada y trágica vaga sobre todas estas églogas como la infame esclavitud sobre todas las bellezas y todas las armonías del antiguo mundo.

¡Qué exceso de cultura en la vida y de originalidad primitiva en la naturaleza! Aquí están sobrepuestas cuatro o cinco civilizaciones distintas; desde la pelágica hasta la cristiana; y el suelo volcánico en sus estremecimientos, en sus convulsiones, en sus vapores, parece pertenecer a los tiempos en que todavía era el planeta materia incandescente, henchida de intensísimo calor y de tonante electricidad. Yo me figuro estar en las cavernas donde las ideas arquetípicas, las ideas madres, como Goethe las llama, tejen los hilos de la vida, o donde los gigantes fabulosos en yunques colosales forjan las inconmovibles bases graníticas de la tierra. Esto es eternamente pagano. El agua bendita, cayendo quince siglos sobre los campos, no los ha bautizado todavía. Los dioses no quieren irse. En vano la vieja sibila de Cúmas, con la vista gastada de mirar a lo porvenir, con la túnica rasgada por las tormentas, desde el elevado promontorio donde se consume, ha dicho a los chicuelos de Nápoles cuando la apedrean, y le preguntan: –¿qué quieres? –Quiero morir. En vano las sirenas se han reunido en torno del Cabo Miseno para quejarse de la muerte del dios Pan. Aquí están todas las divinidades, lo mismo Céres coronada de espigas, y Baco ceñido de pámpanos, y Minerva con sus ramas de olivo, y Sileno apoyado en su ciprés, que Neptuno arrancando con el agudo tridente el espumoso caballo a la tierra, y Vulcano enrojeciendo el hierro en el fondo caliginoso de sus fraguas eternas. No se han ido, no. Están ahí, en el suelo, en los cortes escultóricos de los cabos, en los intercolumnios de las colinas, en los relieves de las costas, en la luz vivísima que no consiente ningún misterio, que todo lo recama de áureas aristas, para celebrar las nupcias eternas del espíritu con la naturaleza, como en el antiguo paganismo.

Estas tierras tan bellas, tan graciosas, atraen eternamente a todas las razas; son las tierras de la comunicación perpetua entre todos los hombres. Quédense para los agrestes montañeses conservar tras los desfiladeros de sus cordilleras, en el seno de las cavernas, velados de impenetrables bosques, sobre picachos sólo accesibles a las águilas, teniendo por defensa el risco, el pedrusco desprendido al menor esfuerzo de la altura al valle; quédense para ellos las guerras por la independencia, el culto fiero a las antiguas leyes y a los antiguos usos: que aquí, entre estas ondas sonoras, donde al reflejarse el sol finge de luz esplendorosa lagos y ríos, cada una de cuyas gotas es una estrella; donde el fósforo, de matiz blanquecino como los rayos de la luna, deja en las tranquilas noches fajas lucientes, parecidas a las fajas de la vía láctea en el cielo; aquí donde las playas seducen como el seno de casta virgen; donde cada árbol exhala nubes de aroma, y cada giro del aire repite suspiros de amor; sobre la hierba o sobre las algas, entre las flores del campo y las conchas de la arena, a la sombra, ya del mirto, ya del olivo, ya de la vela crujiente, vendrán los dioses de todos los templos, los pilotos de todas las razas, los conquistadores de todos los pueblos a vivir, aunque sea un momento, ebrios de orgullo y de placer, en brazos de esta seductora y voluptuosa naturaleza.

Lo mismo sucede entre nosotros. El cántabro verá estrellarse cien veces en su escudo de cuero la invasión romana; el asthur, sin tener la cultura de Bruto o de Catón, sin aspirar a que Plutarco cuente y Lucano cante sus hazañas, preferirá la muerte a la servidumbre; el navarro desde las altas montañas, conjurará todas las conquistas y hará morder el polvo en su constancia a los soldados de Carlo-Magno; el vasco guardará, a través de tantas revoluciones y de tantos siglos, leyes y usos que tienen caracteres patriarcales, antigua lengua que tiene puro carácter primitivo, al paso que las playas del Mediodía, serenas y risueñas, accesibles a todos los pueblos, abordables a todas las naves; con sus ondas celestes y sus espumas argentinas y sus áureas arenas y sus colinas graciosas y sus olivos y sus mirtos y sus laureles; teñidas por aquella luz deslumbradora, cuyos reflejos dan a las cordilleras toques metálicos, y a los orientes y a los ocasos de su sol arreboles indescriptibles, y a las estrellas y a las estelas de sus noches seductor centelleo; de continuo embalsamadas por los aromas de flores que embriagan, como otros tantos misteriosos pebeteros; verán venir a su seno gentes de todas las regiones, naves de todos los puertos, y tendrán que abrirse y entregarse de grado o por fuerza, ya al hierro, ya al halago.

Así es que en la historia de la península ibérica, como en la historia de la península itálica, los pueblos del Norte fundarán la nacionalidad y la ilustrarán los pueblos del Mediodía. Las montañas del Norte serán las regiones históricas, las regiones, si es permitido hablar así, conservadoras; y las playas del Mediodía serán las regiones comunicativas, las regiones, si es permitido hablar así, humanitarias. Las unas darán al pueblo su carácter peculiar y propio, las otras comunicarán este pueblo autóctono con los demás pueblos de la tierra. El alobrogo se sostendrá en el Norte de Italia, fuerte y rudo, para realizar el sueño de quince siglos, la independencia y la unidad italiana, como el montañés de Covadonga, de San Juan de la Peña, del riscoso Sobrarbe descenderá al llano con el ímpetu de sus ríos a formar la nacionalidad ibérica. Y así como por Rosas, por Sagunto, por Denia, por Tarragona, por Calpe, por Algeciras, por Cádiz, vienen los griegos, los fenicios, los cartagineses, los romanos, los árabes, por las playas meridionales de Italia van casi todos los invasores, desde los que fundaron la Magna Grecia en el estrecho de Mesina y en el golfo de Tarento, hasta los que fundaron la monarquía española en las faldas del Etna y del Vesubio.

Así en Nápoles todo cuanto hay de vida moderna recuerda España, nuestra España, hasta el punto de creeros en Barcelona, en Valencia, en Madrid mismo, cuando veis las celosías y los balcones y las casas pintadas de mil matices y los monumentos al gusto de Alfonso V y de Carlos III, en tanto que toda la vida antigua os recuerda más, mucho más que la Italia civilizada por el arma de Roma, la Italia civilizada por la palabra de Grecia. Parthenope es griega, completa, absolutamente griega. Allí jamás se romperá, jamás, la eterna armonía entre el alma del hombre y el Universo que la rodea, verdadero secreto de la excelencia de la vida helénica no repetida en la historia. Parece que nadáis en el éter cantado por Eurípides y henchido con los coros de las musas y las melodías de Apolo; que las aguas han llevado sobre su luciente superficie las áureas naves, donde iban las procesiones o teorías griegas celebradas en el *Banquete* de Platón; que las islas guardan en sus frentes de mármol, como la antigua Cytheres, el beso de la diosa recién nacida en las blandas espumas de las ondas; que aquellas costas dibujadas como a compás y aquellas montañas en proporciones armónicas con todo cuanto las rodea, tienen el ritmo y la geometría de Euclídes y de Pitágoras; que el Mediterráneo se tranquiliza, se adormece allí, no sólo para repetir los matices todos del luminoso cielo, sino para juguetear con las ninfas, con las sirenas, con las divinidades, cuyas sienes coronadas de algas, de perlas, de corales, se ven a cada instante en el culebreo de los rayos del sol por las jaspeadas arenas, dentro de las trasparentes orillas marinas; que el hombre se encuentra sobre aquella tierra, bajo aquel cielo, como el dios antiguo sobre el ara de su altar y bajo la techumbre de su templo; que la naturaleza es clara, trasparente, de relieve, como aquella antigua conciencia clásica, como aquella lengua helénica, la más distinta, la más precisa, la más armoniosa y rica de las lenguas humanas; que todo convida allí a entregarse a la vida universal, todo a los cantares en coros, a las danzas por muchedumbres, a las carreras délficas, a los juegos píthicos, a los ejercicios atléticos y gimnásticos, a la vida griega, serena como su arte, regida por la geometría y por la música, consagrada a hacer de cada cuerpo una perfecta escultura, de cada alma un cielo trasparente; vida en paz completa y eterna con la naturaleza, que se cincela, se pule, se esculpe, se pinta a sí misma, para someterse al espíritu y a la idea y a las fuerzas del hombre.

Yo no las he visto, pero he oído alabar y encarecer a cuantos las han visto, las bellezas del trópico. Yo tenía un amigo, viajero incansable, que a la continua me hablaba de Cuba, de Haití, del Brasil, y sobre todo de la isla de Java, de ese manojo de volcanes. Debe ser bello, terriblemente bello todo eso. Nuestros árboles parecerán femeniles ramilletes al lado de esos árboles gigantes que se hunden allá en la inmensidad de los cielos. Nuestros ríos deben ser arroyos en comparación de esos ríos de la

India y del Perú. Nuestra flora, raquítica, miserable, parangonada con la flora tropical, rebosante de savia y de aromas. Yo me he fingido mil veces en la mente, leyendo las relaciones de los grandes viajeros, esa isla de Java con sus fundamentos de granito, con sus montañas de basalto, con sus haces de volcanes; cubierto el suelo de madréporas y pólipos; cortado el paso por selvas, primitivas e inexplorables; desaguando de las raíces de sus montañas de fuego ríos hirvientes en la inmensidad del Océano; los días todos con tempestades, cuyos relámpagos son incendios, cuyos truenos desquiciamientos del cielo, cuyas lluvias electricidad; las noches iluminadas, no sólo por las estrellas y constelaciones, sino por las grandes aladas luciérnagas que en todas direcciones vuelan como nubes de animados aerolitos; los cocoteros saliendo de las aguas, a veces de las ondas, y elevándose a las alturas cargados de frutos, junto a las palmas resonantes; los bambúes al pié de los plátanos, árboles gigantescos, por cuyos troncos fluye el ámbar líquido; las hojas y las ramas de la vegetación lujuriosísima entrelazándose hasta formar tinieblas perpetuas por donde vagan tigres negros de ojos verdes y murciélagos monstruosos con alas inmensas; el campo cubierto de plantaciones de tabacos, de té, de café, de especias, que con sus jugos, con sus esencias, con su humo nos embriagan; el aire embalsamado de aromas que perturban; la tierra entera, produciendo y

43

devorando seres en continua y desordenada exaltación, como si aquella extraña naturaleza fuese la demencia, el delirio, el frenesí de la vida.

Bella debe ser, bellísima; pero con toda su hermosura vence y anonada al hombre. Qué diferencia de los mares serenos, cuyas olas parece que esculpen las islas; de las costas armoniosísimas que se abren sin recelo a los vientos y a las aguas; de los olmos, graciosas columnas, entre las cuales se mantienen las parras con sus flexibles sarmientos y sus recortados pámpanos; de la flora artística de las orillas del Mediterráneo, flora llena de bálsamos, el jazmín entrelazado con la pasionaria, la verbena al pié del mirto, en el hondo valle el olivo, el granado, la higuera, el limonero, la viña; al borde del torrente la adelfa; en la montaña la salvia, el tomillo, el romero, la manzanilla, el árnica, todas llenas de remedios y de consuelos; sobre las flores las mariposas en su inocente jugueteo, la abeja en su trabajo, y por los aires dulces, suaves, templados al sol en los inviernos, templados a las brisas en los veranos, el coro eterno de nuestras pintadas, nerviosas e inocentes avecillas. El género humano amará eternamente esta naturaleza graciosa, bellísima, que le sostiene con su calor suave, que le alimenta con sus sabrosos frutos, que le regala con sus aromas, que le refresca con sus brisas, que le bruñe y le sana con su sol, que le recrea con los cambiantes de sus mares, y el tono rosado de sus altas montañas, y los cuadros de sus horizontes, y la arquitectura de sus cordilleras; naturaleza en la cual vive como el fauno en su gruta de hiedra y se baña como el silencio en la linfa de sus fuentes.

Nosotros nos sentimos todos parte integrante del universo. Conocemos el estrecho parentesco que existe entre la naturaleza y el alma. Los minerales nos dan la base de nuestro esqueleto. El hierro penetra en las venas, colora y enciende la sangre. Con sólo mirar el cuerpo humano se ven sus relaciones y sus armonías con las plantas. La relación es mayor en las esferas superiores de la vida. Todas las especies animadas tienen afinidades físicas, químicas, fisiológicas con este cuerpo humano, que las resume, las corona y las completa. Por todas partes nos sentimos unidos con el universo, y en relación, así con la estrella lejana, perdida en los abismos del cielo, como con la humilde florecilla hollada por nuestros pies. Somos unos con todos los seres. ¿Y no reconoceremos el estrecho lazo que nos liga a nuestra propia especie? ¿Será más fácil y más grato sentirse unos con el mineral, con el vegetal, con los animales inferiores que con el resto de los humanos, en cuyas frentes centellea el espíritu? Y si nos reconocemos unidos a los demás hombres por identidad fundamental de la naturaleza, ¿cómo explicaremos, cómo, la guerra y la esclavitud? ¿Cómo la sed de corromper, de esclavizar, de combatir, de exterminar, que aqueja a tantos seres humanos, en detrimento, en odio a aquellos que son de todo en todo sus iguales? Y en esta sonriente tierra de Nápoles nos recuerda la historia el orgullo de unos, la tiranía engendrada por este orgullo; y de otros la esclavitud, la degradación, la miseria moral y material. Pues qué, ¿no veo a mi espalda el golfo de Bayas, donde Nerón en su crueldad asesinó a su madre, donde Calígula en su demencia llamó a la luna a compartir su lecho, y veo a mi frente el cono del Vesubio, donde Espartaco citó a los gladiadores para que, en vez de volver las espadas contra sus propios corazones, las esgrimieran en el corazón de sus tiranos?

Pero entreguémonos a la contemplación de este bellísimo cuadro, de la campiña, de la ciudad. Parece que lo estoy viendo ahora mismo. Son los últimos días del mes de Abril. Las hojas verdes y tiernas cubren las ramas. Los cielos sonríen y sonríen los mares. En el Este, dibujando sus crestas coronadas de nieve en claro cielo esmaltado de azul, los montes Apeninos, que a los toques del éter se pierden, se desvanecen; adelantándose hacia las playas, al Nordeste, la pirámide truncada que forma el Vesubio, y en cuyas laderas compuestas de lavas, de riscos casi metálicos, de oscuras cristalizaciones, la luz se rompe en matices violáceos, celestes, lilas, que son verdaderamente mágicos; desde el Vesubio al cabo Campanella, sobre colinas bellísimas, al borde del mar, entre bosques de olivos y limoneros, de robles y de higueras, de laureles y mirtos, Castellamare, Sorrento, blancas como palomas; hacia la curva central de este grande anfiteatro, primero las ruinas solitarias de Pompeya, los barrios luego henchidos de vivientes, como Portici, como Torre del Greco, rodeados todos de maravillosas quintas y de floridos jardines por leguas de leguas; más hacia el Oeste Nápoles, entre aquellos muelles del comercio, donde las naves se agrupan a centenares, las barcas a miles, y este otro muelle de la contemplación, del arte, llamado Chiaja, y lleno de alamedas, de estatuas maravillosas, de templos marmóreos, bordado de larga fila de palacios grandemente pintorescos por sus azoteas y sus balcones; tras todos estos palacios, quintas, villas, ciudades, un collar de pequeños conos volcánicos, que forman como graciosas ondulaciones, como series de colinas sobre cuya cúspide brillan iglesias, monasterios, castillos, monumentos de diversas clases, y a cuyos pies se extienden florestas continuas en armoniosa gradería; hacia el Oeste la gruta de Pausilipo remata por la tumba de Virgilio, genio que reposa en aquella región como en su nido; más al Oeste aún el cabo Miseno, cantado por los poetas, eternamente querido de los artistas; todo el conjunto inundado de aquellos arreboles que dan aspecto fantástico, así a las nieves de los Apeninos como a las humaredas del Vesubio, y entonando por aquel mar de un celeste casi indescriptible, según lo claro y lo bello, en el cual se bañan las islas de cortes verdaderamente arquitectónicos, y que parecen alzarse allí como sirenas para velar, para arrullar, para hermosear a la diosa de las sirenas, a la divina Parthenope.

Sorrento y el Tasso

I.

Compadezco a todo aquel que no haya ido jamás, en tibia mañana de Mayo, desde Castellamare hasta Sorrento, entre aquellos bosques de limoneros y de granados, todos floridos, resaltando por los sombríos olivares; bajo la grata sombra de las montañas erizadas de riscos, por cuyas grietas tienden su lujuriosa vegetación las selvas de hayas, castaños y encinas; sobre el tortuoso camino abierto en la roca viva que enlaza las poblaciones medio ocultas en el follaje; al borde del mar, cuya celeste superficie siembran de estrellas fugaces y continuas los rayos del sol deslumbrador; la isla de Capri enfrente, cortada como gracioso templo de lapis-lazuli que se alzara sobre las aguas; a la espalda el Vesubio con su penacho de humo, destacándose en el cielo, y su cintura de jardines, y su crestería de lavas brillantísimas, y sus alfombras de ciudades multicolores; todo envuelto en la luz meridional y perfumado por el embriagador azahar, formando un conjunto de bellezas naturales que nos abruman con su magnificencia, antes al contrario, os convidan a tomar parte en su regocijo y a unir vuestra idea a sus creaciones como una nota más de la universal armonía.

¡Cuán hermosa es Sorrento! Parece caerse al mar desde la altísima roca donde se ha agarrado como una ciudad náufraga. En la falda de pendiente montaña está como suspensa, y desde sus balcones a la playa todavía media pavoroso abismo. Diríase alzada por sus fundadores como un mirador para contemplar el Vesubio, que semeja a espejismo de la imaginación en la bahía de Parthenope, que, a su vez, semeja a encantado lago. Desde el jardín de la Sirena, cuyos intensos aromas casi trastornan el sentido, veíamos abajo, en la breve ensenada, sobre la estrecha faja de menuda arena, los peces plateados saltando entre las oscuras mallas del copo y las barcas recogiendo sus velas latinas y atracando a fuerza de brazos entre grupos pintorescos de activos marineros. Como la hermosura está en la variedad de los contrastes, he aquí la región más hermosa del mundo: agrias montañas y tranquilos verjeles; cúspides de nieve en las lejanas cordilleras de los Abruzzos y cúspides de fuego en los próximos conos del Vesubio; las guirnaldas de parras arriba, y abajo las guirnaldas de algas; el campesino aquí recogiendo en cestos de mimbre los limones y el pescador allá recogiendo en cenachos de esparto los pescados; la oscura encina en el monte y la blanca vela en el mar; las rosas y los jazmines y las violetas en las florestas y las conchas y los caracolillos en los arenales; las ruinas desoladas y desiertas entre los jaramagos, frías como huesos de esqueletos, y las fuerzas de la naturaleza creando y produciendo continuamente en la gigantesca fragua de volcanes y solfataras; la alegría de la vida, que brota en las serenatas, en las canciones, en los coros al aire libre, en el regocijo de estos pueblos donde ha nacido la música moderna, y el horror de la destrucción y de la muerte en las erupciones que subvierten toda la comarca, que destruyen y levantan montañas, que abren sepulcros donde caben ciudades enteras; la esperanza de lo porvenir y el recuerdo de lo pasado; la caverna silenciosa y la onda sonora; los matices más bellos de la luz y los juegos más caprichosos de las sombras; los términos más opuestos de la historia y los contrastes más bruscos de la vida.

¡Y decir que un poeta como Tasso no ha cantado ni este pueblo donde viniera al mundo, ni el palacio construido sobre la roca que da al mar, donde encontraran sus miserias alivio y consuelo en el cariño de piadosa hermana, en el calor de tranquilo hogar, en el comercio con la sana y robusta naturaleza! Algunas palabras acerca de la amenidad del campo y de la salud de sus moradores: he ahí todo. Los poetas del Renacimiento italiano se parecen a Miguel Ángel, tan menospreciador de cuanto no fuera el hombre y la mujer, que en el *Juicio Final* desaparece nuestra tierra, como si el desenlace de la tragedia humana se representase en los espacios desiertos. ¡Cuán preferible es el bellísimo paisaje viviente de esta bahía incomparable al contrahecho paisaje de los falsos bosques de Armida! Entre todos los poetas meridionales de aquellos tiempos, para mí, los dos que mejor cantaron la naturaleza fueron Camoens y Garcilaso. Nunca he podido asomarme al Tajo, ya entre los verjeles de Aranjuez, ya entre las ruinas de Toledo, sin murmurar las Églogas; ni al Mondego sin ver las ninfas que todavía lloran, bajo los pinos y los sauces y los cedros, en el lugar llamado de las lágrimas, la muerte de doña Inés de Castro, aquella hermosa dama que reinó después de muerta. Nuestro inmortal cantor peninsular, el Homero de la Ilíada del trabajo y de la Odisea de las navegaciones gigantescas y de los descubrimientos maravillosos, inspirado por la luz de África y por la vida de Oriente, hubiera descrito de singular manera esta Sorrento, muy parecida a la isla de Venus, pintada en su noveno canto de *Las Lusiadas*, muy parecida, iba diciendo, a la espaciosa bahía donde las ondas mueren sobre blanca arena sembrada de pintadas conchas y caprichosos caracoles; a las tres colinas de líneas graciosas y de aspecto imponente que ostentan sus prados llenos de flores, por los cuales corren cristalinos arroyos y sonantes cascadas, despeñándose desde las agrias rocas en deliciosos valles; al lago sereno en que se miran los perfumados bosques; a los árboles cargados de flores y de frutos, desde el laurel de Dafne hasta el gracioso limonero, mezcla del oro y la esmeralda, desde el granado que envidiarán los rubíes hasta los perales picados por los pájaros, y los olmos de Alcídes, y los laureles de Apolo, y los mirtos de Venus, y los pinos de Cibeles, mudos testigos de la inconstancia de Atys, y los sombríos cipreses que elevan al cielo sus fúnebres pirámides entre las cerezas, cuyo color compite con el coral, y las brillantes moreras; todo realzado por esta luz que os tendría eternamente suspensos y extáticos, cual una sonrisa de correspondido amor.

Sorrento ha elevado una estatua de blanco mármol al Tasso. Nunca me cansaré de admirar el respeto que Italia guarda a la memoria de sus más ilustres hijos; nunca, de ofrecerlo como ejemplo vivo a nuestra ingrata España. Puede decirse, sin exageración, que en Italia camináis entre dos coros de estatuas. Si entráis por Génova, lo primero que herirá vuestra atención es la efigie del descubridor de América. ¿Dónde tiene entre nosotros, españoles, otra igual? En ninguna parte. Ni a la puerta del monasterio de la Rábida, que le vio pedir limosna humildemente; ni a la puerta del refectorio de Salamanca, que vio a su razón triunfar de todas las argucias teológicas; ni en la vega de Granada, donde se avistó con sus protectores; ni en el puerto de Palos, testigo de su salida; ni en el puerto de Barcelona, testigo de su vuelta; ni en las calles de Valladolid, testigos de su muerte.

No es maravilla, en verdad, que genio tan ilustre tenga monumento tan excelso. Los hay por todas las regiones de Italia. En Turín lo tienen, desde los primeros hombres de Estado, como Azeglio y Cavour, hasta los organizadores del ejército y los ministros de Agricultura y Comercio que han servido modestamente a su patria. En Milán se eleva el gran fundador de la unidad italiana y ese coloso del Renacimiento, ese Leonardo de Vinci, a quien rodean sus primeros discípulos. Los templos y los palacios de Venecia pueden llamarse necrópolis de los héroes y de los artistas. Por todas las encrucijadas de Mantua se os aparece la imagen de Virgilio. a los dos lados de la galería de los Oficios en Florencia, sobre el fondo de oscuro granito, se destaca el blanco mármol de las estatuas, y estas estatuas representan los hijos preclaros de Toscana, feraz en brillantísimos genios. Las cimas del Pincio, después de la libertad de Roma, han sido decoradas por series de bustos donde se enlazan todas las estrellas del cielo espiritual de Italia. Arnaldo de Brescia y Giordano de Bruno reciben justo desagravio en el mismo suelo donde ardieron sus cuerpos y se calcinaron sus huesos. Pergoleso, moribundo, se ve por los pórticos del teatro de Salerno; Virgilio en su templo de gloria y Vico en su meditación de historiador brillan allí donde vienen a morir las ondas del Tirreno, a las plantas del Vesubio, entre los mirtos y los laureles de la inmortalidad.

¿Y nosotros? En Madrid, tres hombres se han salvado del ingrato olvido: Cervantes, que se eleva a las puertas de las Cortes; Murillo, que se eleva a las puertas del Museo; Mendizábal, que se eleva en la plaza del Progreso. Daoiz y Velarde están como olvidados en uno de los barrios extremos y en medio de polvorosa carretera. ¿Y Lope de Vega, y Calderón de la Barca, y Diego Velázquez? Málaga tiene un tosco monumento que recuerda el sacrificio de Torrijos, y Granada otro tosco monumento que recuerda el funestísimo día en que subió Mariana de Pineda al cadalso. Fray Luis de León brilla en la ciudad donde cantó con sin igual dulzura y padeció con sin igual resignación. Pero confesad que es demasiada soledad en medio de aquella escuela de Salamanca en que se verificó la mayor parte del Renacimiento español, como en Florencia la mayor parte del Renacimiento italiano. En Toledo veíase la derruida casa de Padilla sembrada de sal por el aleve absolutismo. Conmovía profundamente el ánimo y despertaba el pensamiento aquel solar calcinado por las llamas, no tan desoladoras como el alma de los déspotas. Sobre mutilada columna se elevaba inscripción vengativa. Un Ayuntamiento de estos últimos años ha nivelado el suelo y lo ha limpiado, convirtiendo aquel sitio de espectros sublimes y de recuerdos grandiosos en una plazuela con raquíticas acacias, donde se reúnen las niñeras y juegan los muchachos. Yo me explico esta manía nuestra de no alzar estatuas, por la barbarie del régimen que durante tres siglos pesara sobre nuestra encorvada cerviz. Si entre nuestros grandes genios había alguno perteneciente a nobles familias, podía tener un sepulcro fastuoso y una estatua yacente en cualquier capilla o en cualquier panteón de nuestras iglesias. Pero en las calles, en las plazas, en las encrucijadas, donde pudieran recordar que había algo y alguien digno de veneración, además de nuestros reyes y de nuestros santos, ¡oh! eso no, que hubiera enseñado mucho al pueblo. Veinte estatuas, si las hay, en toda España, consagradas a nuestros hombres ilustres, no corresponden al sinnúmero de genios que hemos tenido en nuestros gloriosísimos anales. Se me olvidaba; allá, en una de las calles de Valladolid veíase pobre efigie en capilla oscurísima, no me acuerdo por qué calle. Extrañóme sobremanera que tal recuerdo proviniese de nuestros antiguos tiempos en que dejábamos morir a Camoens y a Cervantes en la miseria y desconocíamos que el Gran Capitán nos trajo a Italia y Hernán Cortés Méjico. Una estatuilla, y de mujer, ¡caso raro! Pregunté qué representaba, y me contestaron cosa que no me atrevo a creer completamente, por no haberla yo mismo en mis estudios confirmado. Contáronme que representaba una mujer, denunciadora al Santo Oficio de su propio esposo, como fiel en lo interior de su conciencia y de su casa a la religión protestante. El infeliz fue quemado en uno de los autos de fe más célebres que presenció aquella ciudad, y el Gobierno o el vulgo, o ambos a la vez, consagraron un recuerdo de agradecimiento indeleble en calle concurrida a una infamia tan grande..... ¿Será posible que no seamos más cuidadosos de nuestras glorias? ¿Será posible que no elevemos todavía monumentos a nuestros héroes, a nuestros navegantes, a los sabios de todos tiempos que han ilustrado nuestro nombre, a los artistas, a los poetas, a los oradores a quienes debemos la gran resonancia de nuestra lengua por todos los ámbitos de la tierra? Si los reyes absolutos han sido ingratos, que no lo sean los pueblos emancipados. Y donde quiera haya brillado un genio, que exista una señal de agradecimiento y una sombra de recuerdo. La corona de sus genios rodea con el etéreo limbo de la inmortalidad las sienes de los pueblos. Solamente la pobre Ofelia, loca, puede pisotear su corona, esmaltada de rocío, en la hora del suicidio.

II.

Tasso no consagró a Sorrento los versos a que tenía derecho su hermosura, y Sorrento ha consagrado a Tasso la estatua a que tenía derecho su gloria. *La Jerusalén Libertada* es uno de los monumentos más grandiosos de la lengua italiana. Y en Italia frecuentemente os encontráis con personas que guardan religioso culto a un poeta y que le dedican toda su existencia. Prosa, verso, biografías comentarios, cátedras, paréceles poco para su genio favorito. Y cuando no escriben oficialmente, hablan a todo el mundo del único asunto de su vida.

Con uno de estos monomaniacos topé yo en mi último viaje a Sorrento; con uno a quien le había dado la manía por el Tasso. No me dejaba ni a sol ni sombra, porque yo suelo tener una virtud rarísima, la virtud de escuchar. Contábame minuciosidades innumerables recogidas en libros y manuscritos indecibles sobre la vida de su héroe. Cierto francés, que viajaba por entonces y que tenía la nostalgia del café de Madrid y del boulevard de Montmartre, se indignaba contra aquel delirio por un poeta en cuya lectura sólo había experimentado el dulce efecto de dulcísimo sueño. Aquí de nuestro loco; larga, larguísima disertación acerca del Tasso y los franceses. Veintiséis años tenía cuando salió de Italia para Francia en la espléndida comitiva del cardenal Luis de Este, hijo de Hércules, Duque de Ferrara; exclamaba el infatigable comentador. La altísima intercesión de dos princesas fue necesaria para que el Cardenal admitiera en su servicio a quien él debía haber servido de rodillas como a un Dios de la poesía. El príncipe de la Iglesia, que iba a fomentar en la corte de Carlos IX la fe católica contra la propaganda protestante, llevaba ochocientos criados, y entre ellos al poeta, a quien dio un cubierto en su mesa. Reclamó el Tasso algo más, y su protector convirtió la ración en soldada; pero estimándola a tan bajo precio, que apenas tenía el infeliz escritor con que satisfacer su hambre. Los cardenales de aquel tiempo eran más parecidos a príncipes de Asia que a discípulos de Cristo. El de Este, bastante avaro para regalar sólo con las migajas de su mesa al genio, cuyos versos debían regalar a la regia familia de Ferrara con el maná de la inmortalidad, donaba al criminal Carlos IX, según Muratori nos refiere, cuarenta caballos, todos con arneses riquísimos, sillas y mantas recamadas de pedrería, conducidos por cuarenta palafreneros cubiertos de seda y oro a la oriental usanza. Y estoy cierto de que el último parásito privaría en la corte de Ferrara más que el primer poeta de su tiempo.

Entonces las cortesanas tenían sepulcros magníficos en las grandes iglesias, con epitafios compuestos por los primeros latinistas de la corte pontificia, como el elegantísimo consagrado a Imperia, mujer de tantas riquezas, todas alcanzadas por su hermosura, que cierto embajador admitido en su casa, no supo donde escupir, temeroso de manchar algún objeto de precio, y escupió en la cara de uno de los criados. Y mientras tanto, el gran poeta se moría de hambre. Su pobreza era tal, que empeñó, para acompañar a su protector, en veinticinco libras varias cubiertas de cama, cortinas y tapices, restos del ajuar legado por su padre.

En su viaje a Francia, le parecieron uniformes las campiñas de Normandía; incómodas las viviendas, todas de madera; grandes las iglesias; admirables los vidrios de colores; inconstante el clima, que pasaba en sólo un día de Abril a Enero; indóciles e inquietas las gentes; adorable la reina Catalina de Médicis; gran poeta el rey Carlos IX; extrañas aquella Margarita de Navarra y aquella Princesa de Nevers, que llevaban en sus carrozas las cabezas de sus amantes tronchadas por la cuchilla del verdugo; bellas de color y finas de facciones las francesas; bajos de estatura los franceses; raquíticos los nobles y de escasas pantorrillas, aunque muy guerreros; plebeyas las letras y las ciencias, según las castas que sabían cultivarlas; soberbios los caballos y frecuentes los torneos; incomparables los vinos, muy buenos para las sanas digestiones; flojos los parisienses y alejadísimos de la austeridad impuesta por Licurgo a Esparta. Pero tuvo que alejarse bien pronto de Francia, porque cayó de la gracia del cardenal de Este; y cayó de la gracia del cardenal de Este porque el príncipe de la poesía era mucho más católico que el príncipe de la Iglesia. Así es que, apenado por el espectáculo de las discordias religiosas, políticas, civiles de Francia, pintó en una de sus sonoras octavas la nación vestida de negro, como escuálida viuda; todas sus regiones ultrajadas; todas sus razas doloridas; vacante la corona; dispersas y dispendiadas las fortunas; opreso y enfermo el reino; y en la estirpe regia, herido el mejor vástago y su tronco desgajado por el rayo, *è fulminato il tronco*. Y en Francia se daba entonces a mediano poeta, por humilde soneto, riquísima abadía que rentaba diez mil escudos; y el mayor poeta de Italia, para salir de Francia, tenía que pedir prestados tres escudos, uno a cierta dama de su particular amistad y dos a un cofrade fiel y admirador ardentísimo.

Después de tan erudita e incoherente disertación del comentador de Tasso, oída hasta el fin último, con paciencia de mi parte, y con impaciencia de parte del francés, quisimos ambos oyentes dirigir algunas observaciones al eterno orador. Yo no pude, pues el francés, más pronto y más resuelto, me ganó por la mano y dijo que el Tasso era incapaz de comprender toda la grandeza de Francia y de apreciar toda su hermosura cuando así maldecía de los franceses; y que no le extrañaba su fin desastrosísimo y su enfermedad cerebral, pues debió estar loco toda su vida, cuando en el tiempo de la matanza de San Bartolomé le parecían poco católicos un rey supersticioso como Carlos IX, una euménide inquisitorial como Catalina de Médicis, un prelado romano como Luis de Este, y un Papa infalible como Gregorio XIII. "Perdón, señor, repuso el italiano con su natural finura, unida a incontestable tenacidad, perdón; pero no hay sino leer a Ranke para convencerse de que Gregorio XIII no era un Papa tan severo y tan creyente como usted cree." –"No sé lo que sería, ni me importa, replicó el francés; pero lo tengo por más competente en materias dogmáticas que a vuestro poeta. Y en confianza, y pidiéndole su venia, voy a decirle algo desagradable. La locura contagia, y si no toma usted precauciones, puede contraer la enfermedad de su ídolo. Al fin volvióse loco él por una princesa hermosa y viva; pero tendría poca gracia volverse loco por un poeta fanático y muerto." Nunca hubiera tocado nuestro interlocutor el tema de la demencia del Tasso. Allí ardió Troya; allí se abrieron de par en par las compuertas de la erudición del comentador, que llevaba en dos días hablados más de dos volúmenes en folio acerca del poeta.

"¡Locura! ¡locura! Hablemos de esto, dijo, hablemos, no a la ligera como del viaje a Francia; hablemos largamente. Vuelto el Tasso de su excursión allende los montes, fue llamado a Ferrara por el espléndido Alfonso II, que le señaló alojamiento de príncipe en su palacio, cátedra de astronomía en su Universidad, y renta de ciento diez francos cincuenta y seis céntimos al mes en su presupuesto, cantidad bien superior a los miserables veintiún francos mensuales recibidos por el Ariosto en otro tiempo, y celebrados en el cántico decimocuarto de su *Orlando*. a todos estos cargos reunió el de historiógrafo y secretario del príncipe, mediando entre ambos tal amistad y confianza, que Tasso le dirigía memoriales en verso para pedirle, por ejemplo, una bota de vino del Pausílipo, y en verso le contestaba el magnífico protector al acceder a su demanda, decretar el memorial y regalársela. Siete años duró esta amistad entrañable, siete años de no interrumpida concordia, hasta el día funesto en que hirió a todos la fatal noticia de la extraña reclusión de tan ilustre como desgraciado genio."

Supongo que habréis ido a Ferrara y que habréis estado a punto de llorar en la estrecha cárcel atribuida por todos a la crueldad de Alfonso II y a la pasión de Torcuato Tasso. Pues acerca de aquel extraño lugar andan divulgadas las mismas exageraciones que acerca de los plomos de Venecia. Entonces pude yo coger la palabra y decir, poco más o menos, lo siguiente: "Es verdad, un día el poeta de la duda y de la desesperación, el genio que dejara su sede en la Cámara de los lores de Inglaterra por la sombra de los pinos de Italia y por los escollos de las costas del Adriático, lord Byron, bello y pervertido como

Satanás, en las exaltaciones diabólicas de su inspiración y en los espasmos febriles de su delirio, llegó a Ferrara, visitó el calabozo henchido por las lágrimas y por los suspiros del poeta mártir, y se estuvo allí encerrado durante dos horas en continua agitación, dando paseos desmesuradísimos por aquella jaula, rompiéndose casi la frente en sus paredes, como para absorber todas las tristezas allí amontonadas, y considerar el sol de la prisión que palidece al través de las rejas espesas, el reflejo de la retina ardiente que se clava en la bóveda negra, la huella del cuerpo tendido en la fría losa, el sitio donde apercibían una comida semejante a la podre del sepulcro, las sombras en que los cánticos al amor y las elegías a la amistad se mezclaban a los latigazos de los loqueros crueles y a los horribles gemidos y a las histéricas carcajadas de los locos vecinos; todos los dolores de un cuerpo destrozado por el tormento y todas las penas de un alma herida por la ingratitud y por la injusticia."

"La visita al oscuro calabozo, añadió el italiano, inspiró a Byron una lamentación que por cierto no se parece en nada a las lamentaciones de Jeremías, hueca de tono, exagerada de frase, declamatoria de estilo, vacía de ideas, indigna de las otras obras maestras con que ha honrado su nombre de poeta y ha enriquecido la literatura de nuestro tiempo. Pero lord Byron materialmente perdió su trabajo y su poesía. La madriguera estrecha y oscura, llamada prisión del Tasso, no encerró jamás al gran poeta, o lo encerró por tan breves días, que en verdad no valía la pena de tantas exageraciones. Fue privado de libertad, si se quiere preso, en el mismo edificio donde señalan los guías su prisión, allí, en el hospital de Santa Ana, en el manicomio, pero no en el mismo cuarto donde le hubiera faltado luz y espacio para escribir, como escribió por aquellos días, cánticos enteros de su poema y diálogos magistrales de su filosofía. El Tasso se vio privado de la amistad de su príncipe, y recluido en lo que hoy suele llamarse a la francesa una casa de salud, y a consecuencia de esto sus lamentos, que, como todos los lamentos del genio, han penetrado en el corazón de la posteridad y lo han herido de mortal dolor. Para explicaros esta desgracia, comenzad por una cosa; por que Tasso padecía ya de esa demencia ingénita a todo exceso de facultades extraordinarias, al exceso de sentimiento y al exceso de imaginación, a las exaltaciones del carácter y de la idea. Esta exaltación se agravaba con aprensiones tales, que creía al mundo entero conjurado contra su honor, contra su nombre, contra su vida.

La tenacidad de esta aprensión llegó a intensísima monomanía. El cardenal de Albano le llamaba en sus amistosas cartas gravemente enfermo, y le pedía con verdaderas instancias que para libertarse de aprensiones y sospechas se dejara purgar por sus médicos, aconsejar por sus amigos y dirigir por sus patronos. Pero Tasso tenía tal horror a la corte, que cuando escribía a las gentes de su mayor confianza les rogaba no emplearan de ninguna manera en él artificios maléficos, o lo que es igual, artificios cortesanos. Así, consistió la causa primera de su desgracia en el desasosiego con que soportaba su estancia entre los Estes y en el deseo que tenía de partirse a otras ciudades y trabar amistades con otros príncipes. Como hubo papa de aquellos tiempos dispuesto a declarar guerra a vecina república por retener excelso pintor, hubo príncipe capaz de atormentar al sumo poeta por haber querido marcharse a la corte de otro príncipe.

"A pesar de todo esto, el Tasso tuvo durante su prisión habitaciones cómodas; tiempo de vagar sobrado; visitas de príncipes reinantes, como el Duque de Mantua; veraneos en la quinta de la bellísima princesa Marfisa de Este y disertaciones sobre la naturaleza del amor; regalos de libros como las maravillosas obras de Aldo el joven, que son todavía monumentos de la imprenta; lecturas profundas, como la *Suma Teológica* de Santo Tomás y las *Historias políticas* del cardenal Bembo; consultas que podrían satisfacer su amor propio, como la de Francisco Terzi, grabador celebérrimo, que iba a pedirle consejo sobre ilustraciones y estampas; oro enviado en escudos sonantes y contantes por el Duque de Guastala; ofrendas en los versos del poeta boloñés Julio Segui; satisfacciones en las magníficas estampas trazadas para su poema por Bernardo del Castello; afectos, como la amistad del Padre Ángel Grillo, sapientísimo benedictino, el cual se encerraba en la estancia del poeta a departir sobre arte y religión, prefiriendo aquel encierro a todas las libertades y aquel dolor a todos los placeres; y excursiones de carnaval en los bailes indescriptibles de Ferrara, imitación de los tiempos clásicos, donde, vestido de tisú y acompañado de otros gentiles hombres, danzaba, y bromeaba, y bebía hasta caer rendido de gozo y de fatiga.

"Mas era tan pueril, que se atraía la cólera de los carceleros con sus caprichos; tan raro, que se daba por demente con gusto, diciendo que de igual enfermedad padecieron el griego Solón y el romano Bruto; tan cambiante de humor, que mostraba en pocos momentos excesos de placer y de pena, como de garrulería y de silencio; tan indócil, que no tomaba ninguna medicina desagradable al paladar y olfato; tan cuidadoso de su persona, que disponía para vestir en la reclusión los mejores terciopelos de Génova, y los gorros de dormir más historiados y ricos; tan goloso, que importunaba a sus amigos en demanda de libras de fino azúcar para las ensaladas; tan confiado, que le robaban y despojaban de todo sus domésticos y compinches; tan pedigüeño, que reclamaba de sus visitantes hasta las medias de seda que llevaban puestas; tan desgraciado, que los médicos no le cuidaban porque jamás les pagaba las consultas, y lo recibían los tristes hospitales con frecuencia, porque en mil ocasiones no contaba con otra vivienda ni otro abrigo; tan desconocedor de sus aptitudes y facultades, que los escasos recursos recibidos de providenciales herencias los evaporaba en pleitos dañosos a su salud y a su hacienda, a su gloria y a su nombre; tan tímido, que la menor crítica le descorazonaba, precipitándole desde las cimas de un orgullo sin medida, en el abismo de una desesperación sin límites; desgraciado por todo, especialmente desgraciado por su propio carácter y por la guerra a muerte que se hacía a sí mismo en continuos tormentos."

"Sacamos, dijo el francés, en limpio dos cosas: primera, que no hubo tal demencia en Tasso, y segunda, que se debió su prisión, dulce ciertamente, no a desgracias de amor, a desgracias de corte." –"Hará unos veinticinco o treinta años, añadió nuestro italiano, tratóse largamente de las causas de esa prisión y de esa locura. Un profesor pisano sostuvo que había sido encarcelado el Tasso por su pasión a la princesa Leonor, hermana de Alfonso II, y un historiador florentino sostuvo que por haber intentado pasar del servicio de la casa de los Estes al servicio de la casa de los Médicis. Considerable apuesta se propuso entre los dos contendientes, sometida primero al Instituto de Francia y después a las Academias de Italia, que nunca dictaron la sentencia ni resolvieron el asunto.

Y salió un señor con manuscritos de Montpellier, y otro con manuscritos de Roma, y otro con manuscritos de Ferrara, sosteniendo cada cual su versión, y alguno la singularísima de que Tasso tuvo amores con las tres hermanas del duque Alfonso de Ferrara y hasta con su mujer doña Bárbara. Lo cierto es que encarándose el poeta con el Duque le dice en magníficos versos: "Puedes arrancarme, poderoso señor, la vida, que tal es de los monarcas el derecho; pero a causa de haber escrito del amor, al cual nos invitan el cielo y la naturaleza, arrancarme esta razón mía, centella de la divina bondad, no puedes, porque sería el crimen de los crímenes. Te pedí perdón y lo negaste. ¡Ah! Me arrepiento de haberme arrepentido." Confesad que el príncipe pecó de sufrido, dada la naturaleza de aquellos rudos tiempos, pues uno de sus parientes, un cardenal, en la misma Ferrara, arrancó los ojos a hermoso mancebo de sangre real, porque su hondo y deslumbrador mirar había fijado una vez la atención de bella dama. Aparte de todo esto, confesad conmigo que ningún poeta italiano puede compararse con el Tasso en la hermosura de la forma, en la riqueza y armonía de la lengua, en la dulzura de los versos, en la corrección del estilo, en el encanto de la rima, en la viveza de los sentimientos, en la severa majestad del conjunto de sus obras, en la sobria sencillez, verdadera señal de la mezcla feliz del gusto con el genio."

Confesaré cuanto queráis, dije yo al entusiasta defensor del Tasso; pero le creo poeta de decadencia, a pesar de pertenecer, por su estilo, a los tiempos de la más clásica y más consumada perfección literaria. Poeta que no presiente en su corazón y no adivina en su inteligencia y no se anticipa a su tiempo, carece para mí de la facultad esencialísima al genio; carece del don de profecía. Cuando os abismáis en los profundos senos de la epopeya católica; cuando recorréis la sátira maravillosa que ha enterrado la caballería feudal; cuando asistís a *La Vida es sueño*, de nuestro genio dramático, y a *El Hipócrita*, del genio cómico francés, lo que más hiere vuestro ánimo y lo trasporta, aparte del sentimiento y del arte, está en las mágicas y sobrenaturales intuiciones de lo porvenir. Pero un poeta cortesano que pasa su vida mendigando, de puerta en puerta, el favor de los príncipes y cardenales; más papista que el férreo papa Pío V; más monárquico que el siniestro monarca Carlos IX; exaltado hasta aplaudir las persecuciones y las guerras religiosas; impasible ante la carnicería de la trágica noche de San Bartolomé; un poeta así, no siembra ninguna de esas ideas, ni despierta ninguno de esos afectos que vienen a ser como los hilos misteriosos con los cuales se teje la urdimbre de la vida y se prepara a la iniciación del progreso el espíritu de las generaciones por venir. El Dante hiere en lo vivo, profundiza en el abismo, sorprende el secreto de aquellas sus edades, eleva la conciencia en el altar de lo eterno, como una hostia consagrada; tiene con los dolores profundos y las adivinaciones sobrenaturales toda la colosal grandeza de los profetas hebraicos, de Isaías y Jeremías, los cuales, valiéndose de los símbolos y de la lengua de lo pasado, fulguran el alma y el pensamiento de generaciones todavía perdidas en la nada, pero evocadas ya de las sombras, y prontas a entrar en la existencia, merced a este soplo creador que ha pasado por el abismo de los tiempos como un llamamiento de la eternidad. El Ariosto mismo, lleno de gracia y de vida, ebrio de pensamientos, exaltado de pasiones; con aquella risa que roba a la alegría clásica, con aquella vena de invención que agota las fuerzas creadoras del genio, con aquella selva de ideas que produce en el suelo manchado de torvo feudalismo; burlándose de las instituciones más fuertes y de las leyes más admitidas; abriendo el cielo encantado de su mágica invectiva al delirio de los sentidos despiertos tras tantos siglos de sueños místicos, personifica, medio pagano y medio cristiano, en aquellas orgías de su inspiración y en aquella pascua de universal regocijo, toda la grandeza del Renacimiento.

Al revés, el Tasso canta un hecho, la toma de Jerusalén, que conmovió a Europa en el siglo undécimo y en el siglo duodécimo, pero completamente ajeno a su tiempo, y mucho más a los tiempos posteriores. ¡Guárdeme Dios de ignorar o desconocer toda la belleza contenida en el gran movimiento religioso que levanta nuestras razas Occidentales, aisladas por el feudalismo, y las junta y las arroja sobre el Oriente! Al convertir hacia las cruzadas los ojos, veis, entre arreboles de poesía, los pobres ermitaños que, con severo sermón en los labios y el tosco crucifijo en las manos, suscitan la guerra santa y divierten el ánimo de las luchas feudales para llevarlo a otras empresas más altas; las públicas invocaciones a Dios, que suben a los siervos desde el terruño y bajan a los señores desde el castillo; las hileras de mondados huesos que se extienden de Europa al Asia, fecundando el suelo y la conciencia; la antigua Constantinopla, aparecida en medio de nosotros con sus resplandores y sus recuerdos; el Egipto y sus misterios, resucitados a la voz y al rumor de aquellas legiones sin número, movidas por una idea y realizando la contraria, movidas por la idea teocrática y abriendo su iniciación a la democracia; las deliciosas orillas del Oriente y del Cidno, sembradas de penitentes, a un tiempo en oración y en armas; los jardines de Dafne, impregnados de paganismo y cantados por los poetas de la naturaleza junto a las abrasadas arenas del desierto, reveladoras de la unidad divina a los sacerdotes del espíritu; las flotas de Venecia, y de Pisa, y de Génova trayendo sus vientres henchidos por los productos del comercio, y sus velas hinchadas por la brisa de la libertad;

Antioquía, con sus altos muros y sus quinientas torres; Damasco, embriagada con los aromas de sus floridos bosques; los cedros del Líbano, bendecidos por el profeta, que sirvieron a Tiro para sus naves, a Salomón para su templo, a Alejandro para el lecho donde debía juntar los dioses de Grecia con las ideas de Oriente; la Palestina, la tierra de los patriarcas, con más ansia buscada por los nuevos cruzados que por los antiguos israelitas, y libertando, como a los unos del cautiverio de los Faraones egipcios, a los otros del cautiverio de los caballeros feudales; el torrente Cedron, donde corrieron las lágrimas de David, y el monte Olivete, donde manaron los sudores de Cristo, y el Calvario, donde se consumó el sacrificio de la Redención, y el sepulcro, donde estuvo entre los átomos de la tierra el que ahora está entre los ángeles del cielo; la toma de Jerusalén, cuyas mezquitas se empaparon tanto en sangre que llegaba hasta la cincha de nuestros caballos; las elegías de los árabes, a quienes sólo quedaba, si vivos, el lomo de sus camellos para huir, y si muertos, el estómago de los buitres para enterrarse; la figura mística de Godofredo de Bouillon, el rey-virgen que no puede ceñirse una corona de oro allí donde Cristo llevara una corona de espinas; la figura poética de Tancredo, en el cual se personifica el genio de la caballería; las órdenes militares, con sus cruces rojas sobre sus únicas blancas, y las órdenes monásticas que resucitan

73

por un momento la antigua fecundidad moral de la Tierra Santa: grandiosa epopeya donde verdaderamente el espíritu moderno sufre una de sus más bellas metamorfosis y la humanidad una de sus más admirables trasfiguraciones.

Pero el Tasso canta este hecho con el espíritu de la Edad Media. Compañero de los cruzados, su poesía hubiera sido maravillosa entre los espejismos del desierto y los dolores de la guerra. Después de tres o cuatro siglos que las cruzadas se han interrumpido, y San Luis ha muerto, y Carlos de Anjou ha despojado, a guisa de pirata, los últimos cristianos dispersos, y la orden de los Templarios se ha disuelto por las maquinaciones de los reyes, y la rápida victoria de Federico II se ha malogrado por la invasión de los tártaros, y las huestes de Juan de Brienne han retrocedido a las inundaciones del Nilo, y los que iban resueltos a reconquistar Jerusalén se han contentado sólo con establecer un Imperio latino en Constantinopla, y los mismos pueblos cristianos han reclamado que los libertaran de los cruzados por temor a las depredaciones, y Felipe Augusto y Ricardo Corazón de León sólo han sabido luchar entre sí, más que luchar con sus comunes enemigos, y Federico Barbaroja ha muerto en las fatales aguas del Cidno, y Conrado III ha vuelto casi solo, y Luis VII casi deshonrado de la segunda cruzada, y Saladino, después de derrotar a los francos en Tiberíades, ha reconquistado a Jerusalén y destruido la obra de Godofredo, entregando la ciudad a los árabes; francamente, después de todo esto, la epopeya del Tasso es una pura epopeya erudita, académica, arqueológica, cual esos poemas latinos consagrados en los albores del Renacimiento, por Petrarca, a Escisión y al África.

El Tasso pertenece a un período de reacción religiosa y política, al período en que los Papas restauran, merced a la energía de Pío V, su poder quebrantado, mientras Felipe II extiende su sombra letal en Francia por medio de los Valois, sometidos a su yugo, y en Alemania por medio de los Austrias, desgajados de su familia, exacerbándose la Inquisición en todas partes y viéndose persecuciones y matanzas como la inolvidable de aquella noche triste en que una población entera fue cazada por las calles de París, cual alimañas feroces por montes y por selvas, al toque de la campana, cuyos religiosos acentos debieran recordar la caridad y la mansedumbre de Cristo a los crueles cristianos. Ya la libertad ha muerto en las ciudades italianas; los titanes se han tristemente encerrado en su sepulcro; el arte ha caído en la exageración y en la extravagancia; los jesuitas han levantado sus abigarradísimos templos faltos de toda inspiración religiosa.

Las escuelas decadentes de Nápoles y de Bolonia han reemplazado a las bellísimas escuelas de Roma, de Venecia, de Umbría, de Florencia; la escultura ha troca-

do en monstruos las piedras antes cinceladas por Sanso-
vino y Buonarroti; las asambleas de los pueblos se han
sustituido con las artificiosas cortes de los príncipes; y en
aquella universal degeneración, la obra del Tasso no
podía ser más que una obra de reacción y por consi-
guiente, de decadencia y de muerte. La misma aparatosa
decoración de una arquitectura teatral y la misma false-
dad de un cincel exagerado, y la misma hipérbole de una
pintura convencional, y la misma naturaleza contrahe-
cha en los jardines de los príncipes, y la misma falsa
mitología de la última época de Julio Romano, y la
misma falsa religión de los Carraccis, y los adornos
riquísimos de las mundanas iglesias de los jesuitas, que
nada dicen ni al corazón ni a la conciencia, y el decai-
miento universal de Italia esclava: todo eso encuentro en
la epopeya del Tasso, unido a un esplendor de forma, a
una armonía de versos, a una belleza de lenguaje, que no
bastan a ocultar todo el artificio de su fondo y toda la
pobreza de su idea.

Mirad lo que verdaderamente ennoblece al Tasso; lo
que sobre todo le eleva es aquello mismo destruido por
vuestra erudición, la cual será, si queréis, grande, pero
también inoportuna; lo que le eleva y le ennoblece es su
desgracia, su inmensa desgracia, o mejor dicho, su vida,
su tormentosa vida. No apaguéis esa aureola al soplo frío
de la crítica. Ya ha pasado al mundo como la personifi-

cación más augusta en la historia de las tristezas y de los dolores del ingenio y del amor. Yo le quiero tal como le presenta la tradición poética en sus ensueños de gloria y lo detesto en vuestras disecciones de embalsamador. Dejadme creer que ha sido como nosotros lo ideamos y no como vosotros le habéis puesto. Byron expresó admirablemente, en esa misma elegía tachada de ampulosa, el dolor de Tasso, cuando puso en sus labios estas palabras: "Me han condenado porque tú eres bella y yo no soy ciego." Admiro al autor de *La Jerusalén Libertada* en el calvario que ha levantado la tradición y véole allí en la verdadera gloria que le ha ceñido de inmortal diadema las sienes. Paréceme descubrir en los jardines de Ferrara, entre los bultos de los poetas, a la sombra de los árboles, bajo coronas de laurel y en altares de mirto, los versos pareados que tallaba en los troncos, celebrando misterios de la poesía y del amor. Paréceme que veo las jóvenes princesas, vestidas de pastoras como en las églogas y en los idilios, tejer guirnaldas con flores todavía humedecidas del rocío para coronar la frente de los genios inmortales, y departir en diálogos platónicos, dignos de Hipatia, sobre si el amor de los poetas abraza todas las cosas creadas e increadas en su ideal, o se fija sobre un solo ser, porque esa religión no puede admitir más que un solo Dios. Oigo a unas decir que Tasso recibe en su seno los efluvios del amor universal y canta a la lejana estrella, enardecido por una pasión imposible; y decir a otras que el ruiseñor tiene su nido en la tierra y ama algún ser más hermoso, y más animado, y más semejante a él, y más cerca de su corazón y de sus labios que la lejana estrella de la noche. Nos acostumbramos a fingir los poetas, serenos como sus estatuas, envueltos en sus túnicas blancas como las nubes, ceñidos del laurel de la inmortalidad, ocultos en bosques de mirtos al borde de la Castalia fuente, acompañados por los Elíseos Campos de coros que entonan odas sin fin de admiración y culto a su estro y a su gloria. Pero el genio es una hoguera, el amor en él, un tormento; las nobles aspiraciones, una pasión sin esperanza; las obras en que encarna su ser, un parto homicida; y la corona que ciñe a sus sienes algo abrasador y letal como los rayos de un sol demasiado vivo que, encendiendo la sangre en el cerebro, al cabo produce la muerte. El genio ve su idea en lo infinito, y sus medios de expresión en lo finito. Ve una luz ideal, divina, inefable, y tiene que encerrarla en el tosco barro de la forma. Esta desproporción entre lo que piensa y lo que expresa, le causa tormentos indecibles. Y si concluido su trabajo lo contempla, al verlo cuán lejos está del ideal, se vuelve airado contra sí mismo, contra sus obras, contra los pedazos de su corazón y de sus entrañas, contra los hijos del alma, siempre en el potro de indecibles tormentos, abrumado por la inmensa pesadumbre de su triste superioridad, y enardecido por la llama invisible y ardiente de su genio. Creedlo, su corona de gloria es una corona de espinas, el licor de la inmortalidad un brebaje de hiel y vinagre, la luz que sobre los demás proyecta una llama, en la cual se abrasa tristemente sin consumirse jamás. Tal es el genio, tal sus dolores y sus tormentos. Y por eso Tasso, que los personifica en tan alto grado, es mayor a causa de su vida tormentosa que a causa de su correcta obra.

Su apoteosis está en su desgracia. La naturaleza ha dado al Tasso todos sus dones; le ha puesto inspiración inagotable en la mente, lira inmarcesible en las manos, corazón pronto al amor en el pecho, corona de genio en las sienes, vista para alcanzar las ideales formas sobre las formas reales de los seres en los ojos, palabra tan armoniosa como un cántico en los labios, fuerza bastante a contener con la idealidad eterna la realidad pasajera, con las cosas los arquetipos, con la luz del pensamiento la llama de las pasiones; y luego, cuando ha venido con esos dones de otro mundo superior a este bajo mundo, se ha estrellado contra todos los límites de la universal contingencia, se ha herido en todas las espinas de nuestras selvas de abrojos, se ha asfixiado en esta atmósfera cargada con las cenizas de la muerte, y el recuerdo de su patria ideal y el resplandor de sus lejanos cielos sólo han servido para aumentar las tristezas de su destierro. Así ha nacido poeta y grande poeta en una edad en que se han agotado, sobre el suelo de su Italia esterilizada por los tiranos, todas las fuentes de poesía. Sobre los tiempos que cantaba habían pasado cuatro siglos; y el Sepulcro, cuyo rescate celebrara, estaba en manos de los infieles, guardado por los perros de Mahoma. La libertad sufría eclipse no menos triste y no menos largo que el arte y la conciencia. Como todos los sacerdotes del pensamiento, había nacido para las libres asambleas de los pueblos, y su negra estrella le lanzó en las esclavas cortes de los príncipes. Así no hay sitio por donde haya pasado el mártir que no esté oscurecido por uno de sus dolores y regado por una de sus lágrimas. En las sombrías paredes del Louvre, a las orillas del Sena, se ve su sombra triste como las nieblas del río, comparando el resplandor que da en el mundo la corona de poeta, tejida por la mano de los ángeles, y la corona de monarca, forjada por la mano de los hombres. En los jardines de Ferrara, a la sombra de aquellos bosques, se ven sus ojos que buscan los ojos de una princesa, apartada de su corazón por los abismos insalvables de las supersticiones seculares y de sus artificiosas jerarquías tan opuestas a las jerarquías naturales en el universo. Los edificios de la risueña corte de los Estes se hallan oscurecidos por aquellos tormentos del genio que rayaron en locura y por aquellos recelos del tirano que rayaron en crueldad.

Aquí en Sorrento respira todo alegría; la vegetación que enriquece este suelo bienhadado; la luz que brilla en esos horizontes diáfanos; el labriego y el marinero que fecundizan las tierras y las aguas; los pueblos que conservan el antiguo genio de Grecia; todo, menos la tristísima sombra del Tasso, que se pasea por estas orillas y que evoca el momento de su vuelta, solitario y receloso como un bandido, a presentarse con la pobre túnica de tosco pastor a las puertas del hogar. En Roma, en el monasterio de San Onofrio, sitio de su muerte, el recuerdo de la agonía del poeta cuadra a todos los fúnebres objetos que os circundan. ¡Cuántas veces allí, a la sombra de un ciprés fúnebre, recostado sobre los restos de una columna rota, junto al cenobio triste como oscuro panteón, al eco de la campana, perdido en los solitarios claustros y del rezo murmurado por los penitentes monjes, últimos huéspedes de aquellos lugares desiertos, he contemplado la lejana Vía Apia con sus hileras de sepulcros amontonados como las generaciones en el juicio final, las colosales ruinas por cuyas grietas vagan, como fuegos fatuos, las ideas muertas; los templos solitarios, sin culto y sin ceremonias, habitados por los cuervos en vez de ser habitados por los dioses; los campos de batalla henchidos todavía de sangre, engendrando con sus letales vapores eternos remordimientos en la conciencia humana; las lagunas pontinas, semejantes a inmensos depósitos de lágrimas, despidiendo en nubes de extraña forma y sombríos matices el hálito de la muerte; los ángeles exterminadores levantándose de tantos seculares despojos para vagar por esta necrópolis del mundo, por esta catacumba de todas las creencias, por este sombrío Josafat de la historia! Entonces, toda la vida del poeta subía tristemente a mi memoria. Veíale tierno, y desposeído a los primeros años de su madre, libre, y obligado al oficio de cortesano; inspiradísimo, y buscando la fuente de sus inspiraciones allá en las cenizas de los recuerdos; filósofo, y caído en el infierno de la intolerancia religiosa; católico, y en pos de figuras menos que paganas, figuras mágicas, surgidas al conjuro de los sortilegios de Oriente; poeta, y en vez de adelantarse a lo porvenir, descaminándose y perdiéndose en lo pasado; brillante de genio, y eclipsado entre los ornamentos de un palacio; henchido de amor, y sin saber ni él mismo, ni la posteridad siquiera, a qué mujer amaba; destinado a embellecer, tanto la lengua como la literatura patria, y oscurecido por todas las sombras, y ahogado en todas las penas, y puesto en el potro de todos los tormentos; nacido para dominar, y dominado; para lucir, y perseguido; para consolar, y desgraciado; para encantar, y siempre entre angustias; adorando, como Reinaldo, la magia de una hechicera que toma mil formas y que le trastorna el seso, imagen de un deseo jamás realizado; hiriendo de su propia mano la poesía que le consolaba, como Tancredo a Clorinda; próximo a recoger en la cima del Capitolio, al ocaso de su vida, la corona de mirtos y laureles con que soñara a todas horas, e interrumpiéndole en aquel momento, al instante de su triunfo, la muerte, para que ni siquiera en el sepulcro tuviera reposo alguno su eterna inquietud, ni alivio y consuelo sus dolores.

El genio es mortal para aquel que lleva su voraz llama en la frente. Un grande artista, un grande poeta, un grande filósofo dobla en los demás los goces de la vida, y en sí mismo solamente dobla de la vida las penas. Los que están alrededor del genio se alumbran con su luz y se animan con su calor; pero él se consume, y se disipa, y se desvanece. Esa luz o esa lumbre del hogar, ¡cuán grata es para los que en torno de su llama se juntan; pero cuán devoradora para la pobre mecha o para la pobre tea que lo produce! La corona que tiene sobre las sienes el verdor del laurel, tiene sobre las almas el reflejo del martirio. Acontecimiento lejano, dolor extraño, astro apartadísimo, aereolito errante, chispa eléctrica perdida, vapor disipado en los aires, lágrimas evaporadas de las mejillas, ideas muertas, ensueños febriles, todo aquello que en el vulgo de los mortales no ejerce ningún género de influjo, apena al ser extraordinario en cuya alma individual penetra con el espíritu de la humanidad el espíritu de la naturaleza. Un ser que padece por todos los seres, no puede eximirse del dolor que le trae la propia grandeza. El amor será en él como una pasión que nunca se satisface, la verdadera pasión de lo infinito. Ya adore a la Beatriz ideal que ha pasado como una primavera por la tierra y se ha ido entre los astros del firmamento; ya a la hermosa Laura, asentada en otro hogar, esposa de otro hombre, madre de hijos que no son hijos del poeta; o ya a la mágica Armida, engañosa como la serpiente, este amor tendrá en parte la levadura de tosca realidad, pero en su parte mayor la esencia de lo ideal. Y este ideal, como un fuego sutil, abrasará su sangre y calcinará sus huesos, y devorará su existencia, no habiendo para ellos ni más consuelo, ni más remedio, ni más narcótico que el veneno de la muerte. Imaginaos a Tasso, que ha soñado toda su vida un triunfo semejante al triunfo de Petrarca, con una palma y un laurel en la cima del Capitolio, eterno templo de la gloria. En el penoso trabajo de la creación continua, le ha sostenido esa esperanza. En las tristes amarguras de la realidad, le ha consolado ese espejismo.

Y llega la hora, y se acerca el momento. Y en su fiebre ve el triunfo. La colina sagrada del Capitolio está pronta; el palacio de los senadores, engalanado como para una fiesta de la antigua historia; las escalinatas que conducen a la cima, henchidas de pajes y de alabarderos, en cuyas armas y en cuyas preseas se refleja el sol de la Ciudad Eterna; el pueblo romano, en las calles que avecinan, anhelante por aclamar y aplaudir; procesión de jóvenes vestidos de escarlata le precede; el Senado le acompaña, el Papa le aguarda en su trono, las músicas entonan himnos, y el laurel va a tocar a sus sienes, y cuando ve, y toca, y palpa todo esto con verdadera ansia, muere, y sólo recibe el frío contacto de la guadaña y el triste asilo de una oscura tumba fría y desolada, cuyo único ornamento está por muchos siglos en las dos sencillas palabras de su nombre. ¿No os parece una imagen de la humanidad, y de sus dolores sin tregua, y de sus esperanzas sin realización, y de sus aspiraciones sin término, y de su eterno prolongado martirio? La grandeza del Tasso está toda entera, más que en la hermosura de sus poemas, en la inmortalidad de sus dolores. Aquel laurel, que no puede ceñir a sus sienes, ha brotado de su tumba, y crece hasta llenar la eternidad, regado por las lágrimas de cien generaciones. Su miseria es su gloria, y sus tormentos su triunfo, y sus dolores su Tabor. La humanidad preferirá siempre a todas las glorias la gloria del martirio.

Giorgio Sommer, La isla de Capri desde la península de Sorrento,
c. 1870

La isla de Capri

Dos veces he visitado a Capri en mi vida: una vez por la primavera de 1868, y otra vez por el estío de 1875. Durante este larguísimo intervalo cogí en más de una ocasión la pluma para bosquejar mis emociones, mis recuerdos, mis ideas, y la solté desesperando de igualar jamás al maravilloso cuadro original donde se mezcla tanta gracia con tanta grandeza. En deliciosa mañana bajaba desde la fonda llamada Sirena en Sorrento a las playas, por una de esas galerías abiertas en la roca viva, merced al trabajo de los romanos; y contemplando las atrevidas bóvedas, las ciclópeas paredes, los tortuosos recodos, las amplias escaleras y las subterráneas vías, exclamaba a cada paso, que no me extrañaban ya las empresas mitológicas de Hércules ni la apertura del gaditano Estrecho, ni las columnas puestas por límites al mundo, pues un pueblo relativamente moderno daba el aspecto de montañas a sus monumentos y abría a su arbitrio los senos de la tierra como si guardara en su hogar el fuego primitivo o tuviera en sus manos la fuerza creadora, algo semejante al genio mismo de la Naturaleza.

Después de haber recorrido aquellas cavernas, aunque circula libremente el aire en sus espacios y no falta en verdad la luz, respiráis mejor bajo el claro cielo y a orillas del mar. Los marineros nos aguardaban solícitos en una barca, y nos recibían con esos gratos saludos propios de esta clase eminentemente expansiva y social, sobre todo, en nuestras regiones meridionales. Mientras unos apercibían los remos y otros aparejaban las velas, y éstos recogían lonas y redes, y aquéllos desamarraban los cables, dos entonaban a porfía la Mandolinata esa suavísima canción parthenopea que reproduce todo el gozo y toda la inquietud de estos griegos tendidos sobre sus lechos de rosas a las faldas de ese Vesubio, en cuya cima resuella eternamente la muerte. Conforme íbamos costeando la ensenada sorrentina y recorriendo casi hasta el cabo Minerva, último extremo de la bahía de Nápoles, destacábase en el mar la isla de Capri comparada por Juan Pablo Richter a una esfinge, y por Gregorovius a un antiguo sarcófago. En efecto, el declive de su longitud desde Occidente a Oriente; la altísima eminencia del Solaro y sus aristas semejantes a graciosas estrías arquitectónicas; el corte de sus caprichosas playas; los esponjosos y oscuros escollos cincelados por las blancas férvidas espumas; las escarpadas dunas en cuyas cimas se abrazan las vides con los olivos y en cuyos pies se abren temerosas cavernas; el prodigioso esmalte dado a todos los objetos por el reflejo de la luz en las aguas; la trasparente superficie del mar y la clara bóveda del cielo, entre cuyos resplandores parece flotar la isla aérea y eteriforme, como un templo de cristal azul engarzado sobre una estrella de oro; todas estas bellezas indecibles os trasportan a las regiones de la poesía y de la magia, en cuanto abrazáis con la vista y con el pensamiento uno de los clásicos paisajes gratos a los antiguos poetas y a los antiguos dioses, pero sobre todo, el paisaje de Capri.

No olvidaré jamás este día. Serena la mañana, espléndido el horizonte, dormido el mar, fresco y cariñoso el aire; las ciudades del golfo dibujándose inciertamente en el éter como nereidas fabulosas, y Sorrento perdiéndose a nuestra espalda en la meseta de sus abruptas rocas, ceñidas de azahar, mientras surgía cada vez más encantadora a nuestros ojos, Capri, con sus montañas ceñudas y sus alegres verjeles, con sus rosáceas dunas y sus negras cavernas, con sus blancos pueblos, ora agrupados al borde de las playas, ora suspensos en la falda de las montañas y sus ruinas bruñidas por el sol y dispersas en las inaccesibles alturas; con las cúpulas de sus iglesias y los techos de sus cabañas; con sus labradores cavando en los huertos plantados sobre los abismos, y sus marineros recogiendo el copo lleno de peces en la ensenada; con sus escollos que parecen vomitados por erupciones volcánicas, y sus blancas casas, sobre cuyos pintorescos terrados se tienden. fresquísimas guirnaldas; con aquella doble vida del campo y del mar en que se mezclan las algas con las flores, las emanaciones salinas con los aromas silvestres, la nota dulcísima de la alondra con el grito agudo de la gaviota, a manera que en la poesía de Homero, de Teócrito y de Virgilio.

A las diez del día nos acercábamos ya al término de nuestro viaje, y la isla parecía desierta. ¡Grata y serena soledad! Proyectábase sobre el mar la luz con esplendor indecible. Las aguas miraban al cielo como unos ojos enamorados miran a otros ojos en cuya retina encuentran el amor correspondido. Por toda la inmensa extensión caía a plomo el sol, ya cercano a su cenit. Pero en el sitio donde estaba nuestra barca, al Norte de la isla, se extendía la sombra espesa de los altos montes. Así el Mediterráneo lucia con azul tan claro que tiraba al ópalo y nuestra zona teñía de azul tan oscuro que tiraba a violeta.

Ningún pincel, ni siquiera el pincel de Pablo Veronés, mojado en los matices de las lagunas venecianas, podría trasladar al lienzo aquella fiesta de colores; aquel cielo de un esplendor incomparable, aquellos lejos de rosados tintes donde nadaban los blancos pueblos, aquellos puntos de luz producidos por los rayos solares al quebrarse en la rizada superficie de las aguas, aquel violáceo tono del Vesubio brillando en sus cimas y en sus faldas como si estuviera cuajado de oscura y deslumbradora pedrería, aquella nube de humo despedida por el cráter y disipada en los aires como una gasa; aquella zona de azul oscuro en que nosotros estábamos, juego mágico de las sombras inexplicable por la humana palabra y en cuya contemplación nos abismábamos como si fuese el comienzo de un mundo ideal guardado por un genio desconocido en el fondo de los mares.

Es verdad. Los pueblos que atraviesan el desierto bajo un cielo de bronce, sobre una tierra abrasada; en la uniformidad de los infinitos inmóviles océanos de arenas, deben afirmar y confirmar la idea de la unidad de su Dios creador; pero aquí, en el seno de esta continua primavera que junta las flores con los frutos; en los reflejos de estos horizontes, cuya rica variedad es incomparable; en la orgía de estos colores que descomponen todos los matices de la luz; entre estas movibles olas, entre los juegos y arabescos de las sombras; entre las estelas del agua y los espejismos del aire; en las refracciones de los rayos solares y en la reverberación de los nocturnos astros; en las guirnaldas de espumas, en la palpitación continua de ese movible seno, a cada instante aparecen las sirenas y nereidas del antiguo mar, cuna eterna de la religión pagana, sirenas y nereidas dibujando su cuerpo de alabastro en las espumas, sus negras cabelleras en las algas, sus palpitaciones amorosas en la rizada superficie, y sus huellas en los surcos de luz sobre la celeste inmensidad, donde brotan con los múltiples vapores múltiples ideas, y con las múltiples ideas innumerables dioses.

Acercámonos a tierra sin cansarnos de contemplar el conjunto de colores, el azul clarísimo de las aguas apartadas, el azul oscuro de las aguas cercanas, el tono violeta de las montañas y de las dunas, las tintas de primaveral vegetación, rica en toda suerte de flores. Varios chiquillos nadaban como tritones y nos pedían que les echáramos cuartos al agua, por cuya consecución luchaban allá en el fondo como los peces por su alimento. Como nuestra embarcación seguía a la gruta Azul, tuvimos que trasbordarnos. Innumerables barcas nos circuían, y en ellas jóvenes marinos ofreciéndonos sus servicios y saludándonos con la palabra: ¡Felicidad! Una de estas barcas iba dirigida por hermosísima capriota de ojos negros y cabellos rubios como la Salomé del Ticiano, y que, desnudos los brazos y desnudos los pies mal envuelta en traje de vistosa indiana, y bien peinada, con las trenzas recogidas sobre la nuca y traspasadas por una aguja de plata, remaba, empleando el mismo empuje y la misma celeridad de consumado marinero, sin que tanto esfuerzo le quitara aliento para entonar la canción entonces al uso, *La Bella sorrentina.* Preferimos, como era natural en nuestra galantería española, esta barca tan hermosamente tripulada, y encaminámonos al muelle, de cuyas toscas piedras nos separaban algunas brazadas de mar y algunos movimientos de remo. Pero la llegada fue horrible : los mendigos nos asaltaban; los muchachos nos recogían nuestro equipaje, disputándoselo como si les perteneciera a ellos en vez de pertenecer a nosotros; las muchachas nos arrojaban a las manos pedazos de coral, conchas pintadas, piedrecillas de las ruinas, pidiéndonos en cambio dinero; los mozos de los diversos albergues se disputaban nuestras personas, como los pilluelos de la playa nuestras maletas; este marinero nos presentaba sus robustos brazos para subir la empinada cuesta, aquel gañan su bíblico asno o su jaco matalón; y todos nos cortaban el paso con vocerío infernal, como si se hubieran propuesto compensarnos con el disgusto producido por horribles gestos, agudos gritos y groseros asaltos, del encanto experimentado al abordar a la encantadora isla. Por fin pudimos desasimos de todos ellos y trepar alegremente por los agrios senderos, entre áloes y nopales del Oriente, admirando aquellas casas parecidas a los aljibes árabes y que nos recordaban nuestras casas de Elche, con sus escaleras de madera en lo exterior, sombreadas de parras para subir al terrado cubierto de macetas, en las cuales florecen olorosos geranios.

Capri orna la parte oriental de la incomparable bahía parthenopea, y se avecina al cabo de Minerva. Su largo es de tres millas, su ancho de una y media, su circuito de nueve. Las montañas tienen tan abruptos y tan agrios costados que diríanse cortadas a pico, y dos mezquinas calas abrigan a las barcas de los contrarios vientos, pues casi todas sus rocas salen del mar a guisa de lisas paredes, y la privan por tanto de hospitalarias costas. La tierra vegetal se conserva con dificultad y a duras penas se acrecienta. Arrástranla al mar las lluvias; espárcenla por el aire los huracanes. Al fecundo elemento, donde las raíces se agarran y la vida vegetal brota y se nutre, suceden peñas desnudas, frías, estériles como duros metales. Así los campos griegos, cantados por los antiguos poetas a causa de su amenidad y de su hermosura, han sido arrastrados al mar y se han trocado en áridos desiertos. Conmueven profundamente los cuidados que toman estos buenos isleños por preservar su tierra vegetal de todo cuanto pudiera perderla o disiparla; los muros que levantan, los setos que' fabrican, las yerbas que siembran, las excavaciones que ahondan, el arte y el culto con que guardan esos átomos donde el jugo de la savia se encierra. Veríaislos agitarse y conmoverse como si les arrancaran una parte de su ser, cuando las ráfagas vienen a estrellarse en su peñón y a elevar en los giros de sus torbellinos espesas nubes de polvo. Así, jamás siembran el escaso trigo producido por sus campos arrojándolo sobre el surco, sino abriendo para cada grano un agujerito que luego tapan a fin de defenderlo contra el viento.

El clima es dulcísimo, tibio el invierno, fresco el verano. Fuera de la parte que mira a Nápoles, y donde está la llamada Marina, abierta y expuesta al Norte, el resto de las regiones habitables de la isla recibe seguro abrigo de las altas montañas. Por aquel territorio montuoso y pedregosísimo; ¡cuántos valles alegres y de indecible deleite! En cualquier arruga del terreno, o declive dulce, o umbría plácida; en el recodo de los cabos, en las ligeras planicies de las estrías, en las rotondas de las cimas, en la espina dorsal de los montes, la vegetación brota variamente a guisa de canastillos de frutos y de flores que se hubieran dado allí al olvido. Las naranjas y los limones brillan y huelen a porfía entre las brillantísimas verdes hojas. El oscuro olivo se entrelaza con las claras vides. Las frondosas moreras producen frutillas de un sabor agridulce incomparable, y hojas para alimentar en alguna cantidad los gusanos de seda. Entre moreras y naranjos, alzándose airosas sobre los cactus de los áloes y los nopales, vénse las higueras, cuyos higos compiten ciertamente con los higos de Esmirna.

El vino es de corta cantidad, pero de larga reputación. En Nápoles suelen falsificarlo, pues la isleta no da tanto como pide el gusto, ni siquiera como consumen sus sobrios moradores. La próvida atención y cuidado de amigos que, a Dios gracias, tenemos en todas partes, nos procuraron gustar, así el tinto como el blanco, y los encontramos deliciosísimos. ¡Dios mío! ¡Cuán próvida es la agricultura en las regiones meridionales, y cuán varia! Yo no quisiera ser labrador, por ejemplo, en la bien culti-vada Normandía, donde sólo se cogen las cosechas de heno y de trigo, y sólo se tienen algunas escasas frutas y muchos y buenos ganados. Desde el punto y hora en que concluís la siega ya nada tenéis que hacer.

Para el pastoreo basta con los frescos prados y con tres o cuatro pastores. En el Mediodía no sucede así; para cada mes hay su trabajo y su cosecha. Ya se abre el surco y se siembra el trigo; ya se poda y se cava la viña. En el hogar, bajo la grande chimenea, las ramas inútiles de los olivos, los haces de sarmientos, los rebujos de la aceituna, brillan y chisporrotean durante las largas veladas del invierno. Apenas llega Febrero cuando os da la Providen-cia el cardo y otras hortalizas. En Marzo florece el almen-dro, y Abril colora las rojas cerezas que semejan flores. ¡Cuántas frutas de Mayo, azucaradas y sabrosísimas! El azahar os embriaga. Los albaricoques, las perillas, las pri-meras brevas os alimentan. Ya viene el trabajo de cuidar los gusanos de seda y el placer de verlos hilar sus platea-das hebras. Ya se abre la gomosa almendra y se despren-de sobre el campo. La siega es temprana y da vagar bastante para las otras ocupaciones campestres. Apenas se acaba la siega cuando empieza la recolección de los otros frutos. Aquí se cosecha la almendra, allá la nuez y la avellana, más alíala sandía y el melón, de las viñas se ven bajar a las playas mujeres en coro que llevan sobre la cabeza los cestos circulares cargados de uvas para la pasa. Junto a los racimos de ámbar sobre largos cañizos, los verdinegros higos, todos endulzados a los rayos del sol. Ya comienza la vendimia y se oye por todas partes el cántico de los que pisan en el lagar y se perciben los vapores del mosto. Ya viene el maíz, cuyas largas mazorcas se amontonan junto al trigo en los altos graneros. Ya se prensa el aceite que sazona la comida y alimenta la lámpara. Esta tierra no se cansa jamás de producir. Estos habitantes viven a la continua en faenas del campo. Su atmósfera tibia y su campiña fecunda les ofrecen delicias indecibles en ejercicios moralizadores y sanos. ¡Campos queridos de la luz, en vuestro seno, y sólo en vuestro seno, se celebran verdaderamente las nupcias del espíritu con la Naturaleza!

En la isla de Capri, meridional por excelencia, os dan los pájaros un concierto y os perfuman las flores. ¡Cómo deleita oír, al rumor de las ondas estrellándose en las cavernas, y pareciendo con su tono unísono a solemne acompañamiento de una orquesta invisible, el arrullo de la tórtola y de la paloma, el gorjeo de los jilgueros, el agudo cántico del mirlo, la oda de la alondra al sol en las alturas, y la endecha amorosa del ruiseñor en la enramada! ¡Cómo os animan y os alientan las picantísimas emanaciones marinas, confundidas con el aroma del lentisco que huele a selva; del tomillo, que calma los nervios y endulza los aires; de la salvia, que despide como inefable incienso; del mirto, cuyas esencias os despiertan ideas poéticas, viendo al mismo tiempo los pinos salir casi de las aguas con sus copas vibrantes, la zarza-rosa entrelazarse con el áloe, el almendro y el limonero resaltar entre los olivos y las hayas y las encinas en armoniosos y suavísimos contrastes! Una dama inglesa que con nosotros venía y que llevaba en una mano su cartera de dibujo, y en otra mano su álbum de botánica, nos iba enseñando las flores más preciadas y diciéndoles el nombre más científico: el *thymo*, de suave olor, la *passerina* hirsuta, que busca la aridez y el calor; la *scilla* marítima, que se mece dulcemente en las moles ruinosas; la cineraria, con sus florecillas de oro; la *orquea* piramidal, y otras muchas de tejidos tan multiformes y tan numerosos como no puede idearlos jamás el pensamiento.

Las montañas de toda la isla divídense en dos principales cuerpos, llamado el uno de Capri y el otro de Ana-Capri. El primer cuerpo puede subdividirse a su vez en cuatro alturas principalísimas, si varias por sus formas, iguales por su grandeza. La más elevada es aquella que más se acerca al cabo de Minerva, hacia el Oriente, mirando a Sorrento y a Salerno, donde hoy se saluda y se invoca a Santa María del Socorro, como en otro tiempo se saludó y se invocó a Jove, cuyo templo aparece todavía por doquier en pasmosos restos y majestuosas ruinas. La segunda altura es la de San Miguel, cónica cual todos los volcanes, ceñida por las piedras de antigua vía romana, y coronada por los pintorescos fragmentos de un palacio de Augusto. La tercera altura tiene en su cima un castillo, en su medio la villa de Capri, a su pié la cala de la marina, por sus costados dos vallecillos de incomparable deleite y alegría. El cuarto collado es aquel que se alza abruptamente del mar y que domina dos risueños valles, cubierto hacia su pié de viñas y olivos, cuyas ramas festonan los restos de Tragares; desolado y estéril en su cima; rico en su falda de esas yerbas, llamadas entre nosotros hinojo y marino y ruda silvestre, que dan ardentísimo y embriagador perfume. Un poco más lejos del pié de esta montaña, denominada Tuoro-Grande, surgen del mar tres inmensos escollos aislados, de un color tan vivo, de una forma tan pintoresca, de una ornamentación tan rica por la multitud de dibujos formados en sus caprichosas piedras, que parecen un templo acuático misteriosamente cuajado de extraños jeroglíficos. Las gaviotas y las águilas se posan por sus alturas; las plantas marinas se mecen por sus grietas; las olas se entrechocan por sus bases; y vistas a una cierta distancia, desde el golfo de Salerno y el cabo de Minerva, esmaltados por un horizonte puro, ceñidos de vapores ligeros en la purpurina atmósfera del mediodía o en la rosada atmósfera de la tarde, cuando aquellos cielos despliegan como un iris de matices deslumbradores, las tomaríais por unas diosas marinas elevándose desde sus grutas de cristal a las cimas del Olimpo. Y todas estas bellezas, todos estos graciosos rompimientos de los montes, todas estas aberturas entre las cuales juegan las olas con los aires, y se descubren los cielos, encuentran su rudo contraste en la calcárea y árida montaña de Ana-Capri, la más alta y la más estéril, cuya cresta toma el nombre de Monte Solaro, cúspide verdadera de la isla.

Por débil que mi paleta sea, por tosco que sea mi pincel, por pálido y desmayado el color, ya os podéis imaginar a Capri, altísimo escollo en medio del Tirreno, con sus montañas calcáreas y sus valles fresquísimos; con sus conos y pirámides en el cielo, y sus grutas y cavernas en las aguas; con sus matices violeta y sus matices azules de una dulzura incomparable; con sus palomas y sus gaviotas, que vuelan juntas en los aires, y el rosal y el hinojo marino, que crecen juntos en las piedras; con los templos de sus dioses caídos y los palacios de sus cesares muertos; con los jardines en gradería tapizados de flores y poblados de pájaros, y las graciosas calas en anfiteatro, pobladas de barcas y tapizadas de redes; con las iglesias de Cristo y de María junto a las aras de Mitra y de Júpiter; bajo guirnaldas de pinos y sobre tapices de espuma; entre la bahía de Parthenope y la bahía de Salerno; el Vesubio encendido y el golfo sereno a su frente, y el mar infinito a su espalda; rodeada de cabos y promontorios de un dibujo clásico; soportando ruinas de una sublimidad religiosa; en aquel edén, cuyos claros horizontes y cuyos cerúleos abismos no tienen, por la magia de la luz, por la armonía de los contornos, por la belleza de los contrastes, rival ninguno en el mundo.

Caprea llamaron a la isla griegos y romanos. Según unos, la etimología del nombre es latina y proviene de las muchas cabras errantes por sus escollos; y según otros fenicia, e indica la existencia en su seno de dos ciudades. Pero el carácter predominante de Capri es el carácter griego. No se creería que nación tan escasa de gente como Grecia dejara generaciones tan numerosas y huellas tan profundas en las costas mediterráneas. Cuando en uno de mis viajes abordé a Ibiza quédeme maravillado al ver sus mujeres con trajes llenos de reminiscencias dorias. Parecíanse a esas estatuas medio egipcias y medio helénicas que tan claramente señalan la fase de transición desde Oriente a Occidente en el desarrollo de la cultura. Lo mismo sucede por otras regiones. Sagunto se entregó a las llamas en holocausto a los patrios lares y en odio al

enemigo cartaginés. Ardieron sus casas y sus muros; sui-
cidáronse en heroico sacrificio sus habitantes; no queda-
ron por aquellos espacios ni ruinas; y cuando se va entre
sus naranjales y sus olivares cortados por alguna palma,
a la orilla de su mar celeste, o se trepa por su cercana colina para ver los restos del despedazado anfiteatro, a cada
paso aparece el reflejo de Grecia, no borrado ni por la
dominación romana ni por la dominación agarena. En
las costas de Cataluña, al Levante, sin necesidad de ser
grande observador, nota el viajero la diferencia entre los
catalanes originarios de las altas montañas, todos celtas o
celtiberos, y los catalanes originarios de las rientes playas,
casi todos griegos. Lo mismo sucede en Capri. La hermosa Grecia brilla sobre sus piedras como los dioses
sobre las aras. Esta bahía, llamada por ellos el Cráter,
porque tiene realmente el corte de la boca de inmenso
volcán, era idónea para herir su genio artístico y para
obligarlos a larga residencia. Ochocientos años antes de
Cristo ya dominaban por estas playas. Las Dos Sicilias
componían aquella magna Grecia, en la cual brilló con
tanto lustre una parte de la vida griega: los viajes maríti-
mos cantados por Homero después de cantar la troyana
guerra; los gigantes, cantados por Hesiodo, que en el
Etna pugnaron audaces con los dioses; el idilio inmortal
de Polifemo y Galatea; la escuela filosófica, que tan pode-
rosamente influyera en los progresos de la cultura helé-

nica; la aromosa poesía de Teócrito. Hoy mismo las palabras usadas en Capri tienen muchas raíces griegas; el tocado de sus hermosas hijas, bajo el cual brillan profundos ojos velados por larguísimas pestañas, tiene el corte griego; y en los robustos isleños, marinos y montañeses a un mismo tiempo, se descubren aquellos atletas célebres en los juegos de Grecia. A donde quiera que vuelvo los ojos se me aparece la imagen querida de la bellísima nación. Toco el golfo de Posidonia, habito la bahía de Parthenope, descubro al Oriente la isla de Circe, y al Occidente la gruta de Cumas; en mis paseos voy hasta Anacrapi, cuya posición se designa todavía por una partícula griega; entre los vapores lejanos, dorados por el éter, resalta Paesthum con sus templos dorios consagrados a Neptuno; y en cada movimiento de las olas se ve también moverse, y en cada soplo de las brisas se oye suspirar la sirena que llenara de escollos y de encantos con su magia todos los mares de Grecia.

Esa ciudad de Nápoles, que está enfrente, se ha llamado siempre Sirena. Esta misma Capri es una sirena que seduce con su gracia y con sus cánticos. Sirenas se llaman las islas esparcidas por estos mares desde el cabo Minerva hasta la ensenada de Amalfi. ¡Y quién pudiera dudarlo mirando este cielo resplandeciente, este mar de un azul indescriptible realzado por la áurea luz, estas cordilleras en las cuales se mezcla el fuego con la nieve, estas montañas entre doradas y purpúreas, estos jardines que bajan en graderías desde las sierras a las playas, todos estos encantos capaces de esparcir y comunicar universal alegría. Cuando se ven esas islas, ora desde el camino de Salerno, ora desde el cabo de Minerva, surgir en formas tan graciosas sobre la superficie del agua tan celeste, no podéis dudar de que atrajeran y encantaran con el eco de sus olas repetido por las sonoras cavernas a los navegantes, adormeciéndolos y como petrificándolos con las seducciones y con los hechizos de estos voluptuosos parajes.

Así todo evoca en la isla, todo cuanto veis, la remota antigüedad griega. El aire que respiráis es aquel céfiro blando con que Minerva henchía las velas enviadas en busca del errante Ulises. Las piedras que tocáis son restos de las aras por donde corría la sangre de los toros negros en holocausto al numen del blanco Neptuno. Por estas riberas se tendió mil veces la hospitalaria piel sobre la cual asentaban los griegos a sus huéspedes después de la comida para mostrarles los horizontes y los mares. Islas así serian las islas descritas en la Odisea homérica. Me parece que veo a Néstor coronando con hojas de oro recién forjadas la frente de la *crasa temerilla* y ofreciéndola en sacrificio a los dioses después de haberla empolvado con la harina sagrada. Un escollo así debería ser aquella Ortygia donde la Aurora lloró con lágrimas de luz a su amante Orión, muerto a los invisibles dardos de Diana. Entre estas aguas sacaría la blonda cabeza Leucothea, ofreciendo al inmortal náufrago homérico el puerto de sus brazos. Estas columnas rotas evocan el recuerdo del palacio de Alcinoo, desde cuyos pórticos se veían las flotas griegas, y entre cuyas columnas resonaba el rumor del pueblo en asamblea mezclado con el rumor de la ola en movimiento, y el cántico de Demodoco celebrando la guerra de Troya mezclado con el cántico de la brisa trayendo el aliento de las nereidas. Ahí está, ahí, a mi frente, la isla de la hechicera Circe, tan hermosa de rostro como de voz, hija de los amores del Sol con oceánica ninfa. En el fondo de deleitoso valle se alzaba su palacio, fabricado todo él de piedras preciosas, y guardado por lobos y leones, mansos como perros cuando no los azuzaba la maga. De sus ventanas salía aquella voz sin ejemplo, la cual derramaba por las venas con sus cantares un calor sin igual. Allí entraron los compañeros de Ulises, torpes, e indiscretos, y fueron trasformados en cerdos, mientras el astuto hijo de Ithaca, provisto de la planta dada por Mercurio, cuyas raíces eran negras como el carbón, y cuyas flores albas como la nieve, convirtió a la reina hechicera en su concubina y su esclava. Por aquí se oía la endecha seductora de las sirenas. Su voz hacía resplandecer los cielos, serenarse los mares, henchirse de voluptuosos aromas los aires, resonar con música incomunicable los escollos y las riberas. Los navegantes se dejaban arrastrar por tanta calma, por tanto deleite, por los acordes que salían de las ondas, por los coros que acompañaban estos acordes, por los ojos seductores que brillaban como estelas, por el blanco voluptuoso cuerpo que se dibujaba en el cristal de las aguas, y desaparecían para siempre en el fondo, sin que jamás devolvieran las sirenas su presa. Así Ulises tapó con cera los oídos de sus tripulantes, y se hizo atar él mismo con fuertes cuerdas a la altísima entena para conjurar la seducción de las seductoras voces. Pero más lejos, y en este mismo mar, se alzaban frente a frente los dos montes llamados Scila y Caríbdis. Las olas de Anfítrite se estrellan a sus pies con horribles mugidos, y las aves del cielo, las mismas palomas que llevan la ambrosía a Júpiter, no se arriesgan jamás a pasar sobre sus cimas. Los dioses las llaman en su lenguaje incomunicable a los hombres, las rocas errantes. Si algún navío se acerca se rompe en mil pedazos; y tablas y tripulación desaparecen súbitamente entre las ondas henchidas de huracanes y las tempestades henchidas de rayos. Solamente los Argonautas pasaron por allí directamente amparados del poder de Júpiter. Scila es tan alto que ninguna humana vista ha alcanzado su cresta cubierta de negras nubes y ninguna flecha de arquero ha llegado hasta la gruta que mira hacia el Erebo; y Caríbdis alimenta una higuera selvática, bajo cuyas hojas se guarece el genio de aquel paraje, que se sorbe las olas y las naves. Estos escollos, estas cimas, estos abismos, estos cabos y estos promontorios se hallan ilustrados por el inmortal poema de la navegación, la Odisea, que sucedió a la Ilíada, al inmortal poema de la guerra.

Cuando contemplo las formas arquitectónicas de Capri, realzadas con los toques maravillosos de alma luz, fínjome aquel archipiélago griego, compuesto por legiones de islas, antiguas cunas de diosas y poetas, extendidas entre dos continentes como para servir de templo a las nupcias del genio de Europa con la tierra de Asia, y adivino las nieves perpetuas de Thesalia, los valles floridos de Lidia, las montañas abrasadas por tempestades eternas, las colinas sonrientes de amor y de gracia, descubriendo todos aquellos parajes henchidos con la imagen de Homero. Y oigo el susurro del arroyo, en cuyos bordes naciera, a la sombra de copudo plátano, entre las endechas de un coro de ruiseñores y los himnos, de una procesión griega, sobre el sitio mismo en que espirara Orfeo; y miro con los ojos del alma al viejo divino, pobre como la poesía, ciego como el amor, desconocido de su patria como el genio, alargando la trémula mano a recoger una limosna en pago del cántico bellísimo dotado de la inmortalidad; y me apeno al recuerdo de aquel pueblo cimeo que negó sus hogares a quien debía darle gloria; y renuevo las peregrinaciones de región en región, de gente en gente, de isla en isla, por donde deja una huella de luz en el suelo, una armonía inextinguible en los aires, una idea religiosa en las conciencias, una sonora cuerda de artística inspiración en los corazones; y le sigo con el pensamiento, como con el recuerdo, por Phocea, Cliso, Samol, escuchando repetir al niño que va a la escuela, y a la joven que vuelve de la fuente, sus magistrales hexámetros; y me lo figuro circuido de sus hijas, en el ocaso de la vida, próximo a concluir sus últimos cánticos, y obligando a cuantos tienen ojos y ven a que le digan cómo resplandece al sol poniente en la cima del Olimpo; cómo se dibujan los cabos de la Jonia; cómo se doran las múltiples islas del archipiélago; cómo extienden sus alas sedosas las palomas y sus velas de lino las naves; cómo se hermosea todo, porque él ya oye como todo canta; y asisto a su muerte en las sonoras playas pobladas por su genio de dioses, a su transfiguración en la mente de Grecia, a su apoteosis en la religión de la Humanidad.

Y la brisa que sopla en mis oídos, y la ola que muere a mis pies, y la gaviota que vuela sobre mi cabeza, y el mar que me rodea por todas partes, recuérdanme cómo Homero, después de haber escrito en la Ilíada el poema de la guerra, escribió en la Odisea el poema de la navegación. Todas esas imágenes preciosas, la enamorada Calipso, la hechicera Circe, la seductora Sirena, la modesta Nansicaa, la próvida Leucothea, son personificaciones de los escollos, de las sirtes, de las colinas, de las alternativas de alegría y angustia en la vida marítima, de los trabajos y de los placeres indecibles en las navegaciones larguísimas. Homero, después de haber cantado los orígenes de su patria en la guerra, quiso también cantar los progresos de su patria en el trabajo, y sobre todo, en la navegación, que debía darle tan preciosas colonias y extender por el mar Mediterráneo reflejos y reverberaciones de Grecia. La buena Penélope, rodeada de seductores y constante a su marido, retrata la mujer del marino que yo he visto tantas veces en nuestras costas valencianas, fidelísima a la memoria del ausente, encerrada en el hogar como en una tumba, ajena a todas las alegrías y a todas las fiestas; casi siempre de rodillas ante la Virgen, estrella de los mares, pidiéndole su amparo; con el pensamiento puesto en el abismo insondable y la esperanza en el Dios misericordioso; los labios llenos de promesas y las promesas de ex-votos; casada, y en las tristezas, y en los duelos, y en la soledad de las viudas. Así como Homero, el poeta del Oriente europeo, escribe la epopeya de la navegación mediterránea, Camoens, el poeta del Occidente europeo, escribe la epopeya de la navegación oceánica. Todas las expediciones anteriores a la navegación cantadas por nuestro poeta peninsular o son navegaciones guerreras como las normandas, o son navegaciones semi-mitológicas como las de Marco Polo. El marino veneciano me parece, respecto a Vasco de Gama, como Jasón y los Argonautas respecto a Ulises y sus compañeros de empresas. En el poema de Camoens han crecido la tierra y el hombre, sin que haya menguado la poesía y el arte. El mar es mayor que en los poemas homéricos; pero también es mayor la fuerza que lo sujeta. El poeta será inmortal como Homero, porque representará tanto el espíritu de su pueblo como el genio de su siglo, y como Homero desgraciado, porque no se puede llevar una corona tan gloriosa sin que toda ella esté ceñida de penetrantes f agudísimas espinas. Todos los redentores sudan sangre. La Odisea y las Luisiadas aguardan el tercer poema que ha de completar ciclo tan maravilloso; el poema que cante la penetración de nuestra mirada y de nuestro telescopio en los abismos infinitos del cielo, como la penetración de nuestras sondas en los abismos infinitos del Océano; el vapor de las nubes, vago como las nieblas, ligero como el rocío, indeciso como los ensueños, recogiéndose en las grandes máquinas y superando las corrientes como las mareas, y las olas como los vientos; Hércules que ha ido a la tierra de las Pirámides, y con la fuerza del genio y del trabajo ha roto los istmos y ha confundido los mares; el Prometeo que ha lanzado entre el nuevo y el viejo continente, entre Europa y América, el misterioso lazo de alambre por el cual corre el rayo de los dioses, ya en manos de los hombres, llevando de uno a otro mundo la palabra con la rapidez del pensamiento; todo este esplendentísimo semillero de nuevas tierras y nuevos cielos en arte y en poesía.

Íbamos en mañana deleitosa de Junio, por mar dormido como sereno lago, a la sombra de las grandes dunas, desde la marina de Capri a la gruta azul, celeste laguillo de una claridad y de una transparencia indecibles, formado por las aguas del mar dentro de una cueva calcárea, accesible sólo en barca y por una estrechísima abertura. La memoria de semejante maravilla se había perdido para siempre. La tradición contaba que griegos y romanos conocieron una gruta, donde cabían muchas personas, formada toda por inmenso trozo de nácar, y en cuyo seno se refugiaran, estando allí como dormidas y en sopor, las ninfas y nereidas, después que las ahuyentó el hisopo cristiano con sus gotas de agua bendita al exorcizar los mares. Todo un prelado, escribiendo a otro prelado, aseguraba haber sido ésta la caverna donde el infeliz pescador Glauco se asiló después de su trasformación en pez, y donde conmovió a los dioses en tal alto grado con sus lloros y con sus súplicas y sus elegías, que les obligó a volverle súbitamente la forma humana, dejando por esta transfiguración en el cristal de esas aguas sus azuladas escamas. Algunos suponen que un historiador de principios del siglo decimoséptimo trae indicios de la isla. Goethe hubiera deseado verla, porque

111

el gran pagano, el sacerdote último de la antigüedad clásica, adoraba todo cuanto podía recordarle el paganismo. Novalis imagina cierto arte místico y naturalista a un tiempo, el cual se inspiraba en una canora sirena, cuya habitación era esta gruta de cristal, donde se encerraba como la abeja en el cáliz de la flor. Un joven que la escuchara repetía sus cánticos impregnados de idealista panteísmo al par que de sensuales placeres. Y cuantos poetas oían aquel eco amortiguado deseaban escuchar la canción poética en su origen, beber en la fuente de esa poesía, e iban por la noche desolados en pos de la gruta, que despedía misteriosos sonidos sin revelarse nunca a los anhelantes ojos de tantos privilegiados mortales. Todos sabían que era una flor azul misteriosa; pero ninguno acertaba a encontrarla. Y anegábanse y morían, como nos anegamos y nos morimos en la vida, viendo la perfección, la ventura, la idealidad en los lejos del horizonte y sin poder jamás abrazarlas, anegábanse oyendo el cántico que salía del seno de la roca y sin alcanzar a ver la hermosísima ninfa.

Las historias y tradiciones locales eran todavía más terribles. Contaban que la caverna se henchía de espíritus malignos, que en el seno de sus aguas nadaban monstruos marinos, que almas en pena se disolvían por el fósforo de sus estelas, que fantasmas diabólicos erraban sobre sus bóvedas, que horribles brujas tenían allí sus sábados en contubernio con los demonios, que cuantos mortales entraban perdían la vida, chupada por los vestiglos y perdían el alma lanzada a los infiernos.

Los sacerdotes disuadían a las gentes de pasar por aquel lugar maldecido de Dios y tan terrible como los antiguos escollos de Scila y de Caríbdis. Se necesitaba entonces mucho valor y poca aprensión para hacer lo que hicieron sus cuatro descubridores y para acercarse a la embocadura, de aquel extraño averno. Y un posadero con un marino de Capri, y un pintor con un poeta de Alemania se arriesgaron a la empresa y dieron prontamente con la magia. El pintor entró a nado. Cuando estuvo dentro, cuando se posesionó de aquel mundo sobrenatural, no sabía qué decir de alegría y de admiración. Parecíale haber descubierto otra nueva tierra, y en esta tierra nuevo mar, de un color y de un reflejo indecibles.

Salía para cerciorarse de que todo el Mediterráneo de fuera no cambiaba de color y volvía a entrar dando gritos de asombro. Aún se conserva en cierto albergue de Capri la relación primera de este feliz hallazgo. Escrita por el poeta Kopisch, a ruegos del pintor Fries y del posadero Pagano y del marino Angelo, todos descubridores, encarece las supersticiones que cerraban el ingreso, la audacia necesaria para desafiarlas, la condición precisa de un mar sereno, la posibilidad probable de una entrada en barquilla, el peligro que se corre de no poder salir a la menor alteración de las ondas, lo estrecho de la entrada, lo encantador del sitio, el inverosímil juego de la luz, el matiz cerúleo de la superficie, el fosfórico resplandor de los líquidos abismos, el reflejo sobre las paredes y las techumbres, el tibio día de aquella mansión de hadas donde diríase que están forjando por mandato de los dioses antiguos, para oponerlo al mundo moderno, una tierra pagana y tiñendo para deslumbrar nuestros ojos cristianos unos cielos olímpicos.

En esto nos acercábamos a más andar a la caverna. Las sombras de la duna caían espesamente sobre nosotros y prestaban al mar un azul profundo que tiraba a violeta. Hacia el costado donde se abría la gruta, en la peña, el sol daba de lleno. Desde lejos nos parecía imposible poder penetrar en aquel sitio. Y verdaderamente, sólo una barca estrechísima, en cuyo seno teníais que tenderos y acurrucaros, pasaba como un pez entre los bordes angostos de la roca. Pero en cuanto ya habíais pasado, ¡qué singular maravilla! Bogáis sobre un lago de turquesas líquidas; abrís en la superficie un surco de ópalo; veis en el hondo abismo una claridad semejante a la claridad de la luna llena; respiráis un aire fresco cargado de emanaciones marinas; descubrís paredes y bóvedas blancas como el alabastro y azuladas por reflejos celestes como los cambiantes producidos por las diamantinas estrías;

114

notáis que todos los objetos fuera del agua están negros como el azabache pulido, y todos los cuerpos dentro del agua argentados como las matutinas estrellas; vuestra propia barca y vosotros mismos como formados de espesas sombras, y los marinerillos que se arrojan al agua y que os siguen de cerca, como si tuvieran los cuerpos enteros de cristal de roca, mientras las cabezas "e ennegrecen y se asemejan a cabezas de oscuro bronce antiguo; y os creéis en realidad trasladados desde esta tierra nuestra a las grutas, donde las ondinas y las nereidas y las sirenas pintan las conchas, componen las fosfóricas estelas, guardan las perlas, amasan el nácar, engarzan los corales y producen todas las maravillas del mar.

Naturalmente, para ver el fenómeno se necesita que el día esté límpido, el agua serena, el sol antes del meridiano, pues la clara luz, recogida a la puerta por las aguas, penetra con una dulzura celeste en esta mansión de encantos indecibles. Mas el silencio que allí reina; el alejamiento del mundo; la nitidez de las aguas; el hechizo de la luz; las gotas destiladas por los remos que brillan; la superficie tersa como un metal precioso en extraña infusión; los abismos trasparentes "cual un cielo clarísimo; la reverberación azul en las bóvedas blancas; el color oscuro de las barcas mezclado con el color alabastrino de los nadadores; las centellas y las estelas parecidas al chispear de los astros; las perlas y los diamantes líquidos que cada movimiento derrama sobre las ligeras ondulaciones; aquel día tibio como un crepúsculo jamás visto; aquella noche que se condensa y se espesa por varias aberturas; aquella magia alejada completamente de la idealidad; cuanto os rodea presta al sitio el aspecto de una especie de planeta que se está formando y surgiendo como isla de nácar iluminada en otras esferas desemejantes de las nuestras por mágico sol, cuyos rayos tibios y dulces como los rayos de la luna tuvieran sobre éstos un más celeste y más hermoso resplandor.

Al salir, mi mente inquieta se trasportaba a bien lejanos tiempos. Será éste el sitio donde se mojó el Amor cantado en su oda tercera por Anacreonte. El rapaz quiso ver si la humedad había aflojado su arco, y probó, y pudo cerciorarse, hiriendo al mismo huésped que lo albergara, cuán lejos despedía la aguda flecha, y cuan certero daba el mortal golpe. Lo cierto es que en el rumor de la salada onda, en el choque de los ligeros remos con las aguas, en el aleteo de las frescas brisas, en el arrullo de la paloma mezclado con la vibración de las henchidas lonas, en el chirrido de la cigarra acompañado del grito de la gaviota, en todo cuanto se oía, resonaba, como si hasta los escollos y los promontorios fuesen misteriosas arpas, el cántico inmortal de la antigua Grecia. Podía repetirse aquí el coro consagrado a Edipo, ciego en los valles de Colonna. Esta es la más deliciosa región del mundo; los ruiseñores invisibles cantan en coro desde árboles cuyos frutos nada tienen que temer ni del sol ni del frío; los dioses de la naturaleza pasan por sus campiñas cargados unas veces de espigas y otras de racimos, y pasan por sus ondas, siempre cargadas de perlas, seguidos los unos de ninfas, cuyas frentes coronan la verbena y la hiedra, los otros de nereidas, cuyas frentes coronan las algas y los corales; el rocío hace florecer los narcisos de pintadas guirnaldas y el azafrán de áureas y purpurísimas hebras; el laurel crece junto al olivo y los hombres aprenden lo mismo el arte de fecundar la tierra que el arte de someter los mares. Eurípides puede repetir aquí el canto de sus cíclopes; Teócrito sus idilios impregnados de rosada miel. La muchacha que pasa descalza por los altos riscos seguida de su cabra, y lanzándonos con gracioso ademán algunas palabras de griega melodía, es acaso la amorosa Amarilis que se inclinaba a la entrada de las cavernas para oír el cántico de los pastores, y que huía diligente a su amor y a sus caricias. El pescador de la playa es el mismo pescador antiguo; en su cabaña de juncos y hojas secas; sobre su lecho de algas; rodeado de espuertas, y filetes, y cebos varios, y anzuelos; con una barca llena de redes a su frente y un montón [de maromas y corchos a su espalda; el traje azul como la ola amorosa, y el gorro colorado como el sol poniente; sin llave que le guarde ni perro que le defienda; soñando hasta en las breves noches del estío con su copo cargado de lucientes peces. Y cuando habíamos apartado los ojos de la playa y los habíamos puesto en los umbrosos valles, y veíamos a los muchachuelos trepar por los árboles, o gatear por los riscos en busca de un nido, involuntariamente nos acordábamos de aquel pajarero cantado por Bion y Mosco, el cual untó de liga las ramas de los árboles para cazar el amor, y un anciano le dijo: "Chiquillo, no aceches a tal edad ese bicho, que cuando seas mayor verás cómo viene por sí mismo a posarse largo tiempo sobre tu atormentado corazón." Y tanta poesía sólo tiene una sombra, sólo tiene una mancha; la sombra del despotismo, la mancha del recuerdo de Tiberio. ¡Bendita libertad! ¡Maldito cesarismo!